工位健身

实用手册

WORKPLACE FITNESS HANDBOOK

《主人》编辑部
上海市职工文化体育协会健康促进专业委员会 编

上海三联书店

目录
CONTENTS

第一篇
工位健身与健康体适能

本篇主要介绍工位健身概念和理念，工位健身的特点和益处，以及健康体适能概念。

| 第一章 |

工位健身

第一节 什么是工位健身

一、工位健身的定义

工位是我们职工平时工作的场所和位置，可以是办公桌前、会议室、生产设备前，也可以是营业场所、交通工具上等。工位具有职业和行业特征。

健身是个广泛的概念，形式有功能性训练、瑜伽、舞蹈等。健身主要目标是改善和提高身体五大元素的能力，包括心肺、力量、核心（膈肌以下，骨盆底肌以上，身体中段所有的肌肉总称）、柔韧和平衡，达到控制身体各部分的能力，从而使身体强健，保持健康。

工位健身是一种基于工作场所利用碎片化时间、按照健康体适能科学训练体系，针对身体五大元素，随时随地短时高效训练的健身方法。

二、工位健身的特点

工位健身是基于国际健康体适能科学训练体系，结合国内企业职工工作现状及岗位职业痛点，融合了各种功能性训练等动作元素，编创出来的企业职工日常健康训练的健身方法。

工位健身同时利用移动互联网技术，提供包括训练视频、音频、动作详解等多媒体介质，让职工更加便捷的学习和参与。

工位健身能够更好地促进企业健康文化的推行，增进员工间的互动与情感连接。

三、工位健身与传统工间操的区别和优势

工位健身　　　　　　　　　　　　　　　传统工间操

1、工位健身更具便利性

传统工间操一般需要比较大的活动空间或离开工位，在空旷或相对较为集中的场地才能进行练习。

工位健身则在工位旁边就可以进行，只需要非常小的空间就可以进行练习，还可以巧妙地利用座椅、桌子等器具完成特殊的动作，更加便利。

2、工位健身更具多样性

传统工间操一般采用的是固定套路的操化动作，虽然具备较全面的锻炼功效，但一直做同样的套路难免使人缺乏兴趣，功能也趋向单一。

工位健身则在内容和形式更加丰富，包括心肺训练、力量训练、柔韧性训练、活力操、时尚舞蹈、瑜伽、普拉提、搏击等，不断变化的形式容易使职工产生更多兴趣。

3、工位健身更具系统性

工位健身每套动作的创编都严格遵循健康体适能的发展阶段和原则，并持续更新，同时根据不同企业特性和需求，根据不同职业人群的需求定制化创编不同风格的健身套路。

4、工位健身更具针对性

在工位健身的每个阶段，每个动作设计，都力求有针对性地解决企业内普遍存在的健康问题，满足不同岗位职业人群的健康需求，既可以系统地进行工位健身，也可以针对某一部位进行工位健身。

由此可见，和传统的工间操相比，工位健身更具针对性，更具实际效果，更易普及和推广。

四、工位健身的功效

2013年以来，我们先后在300多家企业进行了工位健身的探索与实践，得到了企业职工的普遍欢迎，职工的平均参与率达到了70%以上。实践证明，工位健身对提高职工的健康素质，进而促进企业的健康发展具有明显的效果和作用。

功效一

通过锻炼可以强化呼吸系统和心血管系统，让职工精力更充沛！增加血管弹性及心脏泵血能力，加大每搏输出量及血管运输血液能力，增加肺部通气量，使红细胞运载的携氧量增加，让大脑细胞对能量的利用更加高效、时刻保持清醒。身体细胞能量供应更及时，使精力更加充沛。每个细胞产生的废物也可以更高效的输出体外，增加机体的代谢效率。

功效二

增加肌肉量，提高身体基础代谢率，始终保持身体年轻态。特别是躯干运动，可以使腹内压增强，促使胃、肠的蠕动，提高胃、肠的消化和吸收功能。充分吸收营养，能更好为身体各个机能提供服务，身体对大脑命令的反应速度可以更快。

功效三

通过训练动作的协调性和准确性，提高中枢神经系统对各部分肌肉的支配能力，增强大脑皮质的分析综合处理能力。大大降低身体使用过程中造成肩颈、椎间盘、膝关节和踝关节的意外伤害。

功效四

伸展运动可以充分伸展人体，降低关节压力，减少关节过度劳损。伸展过于紧张的肌肉，加大关节的活动范围，使关节压力处于均衡状态，让身体远离慢性疼痛，降低生活中肌肉拉伤等风险，不为疼痛烦恼，更加专注于工作。

功效五

有助于调整人体姿态，让精神面貌更佳。爱美之心人皆有之，优美的体姿体态可以与客户见面交谈时增加第一印象分数、充满自信，谈工作效率更高。

功效六

员工精神面貌的改变，不但有效地提高了企业劳动生产效率，也有助于企业形象的提升。

第二节 为什么要倡导工位健身

我们所处的时代是个巨变的时代，科学技术日新月异，移动互联网、人工智能、机器人技术等新技术广泛延用，在这样的时代背景下，现代企业竞争日趋激烈，随之而来的是上班一族的压力剧增，导致身心健康问题频发。缺乏锻炼，成为健康问题(如肥胖、慢性疾病、失眠、抑郁等)的主要原因之一。

同时随着中国经济的不断发展，人民生活水平不断提升，越来越多的职工开始加强健康意识，更多关注自己的健康。根据健康体适能体系的建议，职业人群需要有计划地进行中等强度的体育锻炼，每周锻炼时间不少于150分钟。

企业职工每天在企业场所工作8小时，加上中午休息，在工作场所停留的时间近10小时。长时间坐着工作，不仅导致工作效率下降，而且由于没有或很少有运动健身的习惯，都会对身体健康产生一定的影响。

根据多年的企业健康服务领域的研究结果显示，企业员工的工作性质和工作特点、不良的生活方式，会导致职工身体的整体健康水平的下降，主要体现在以下几个方面：

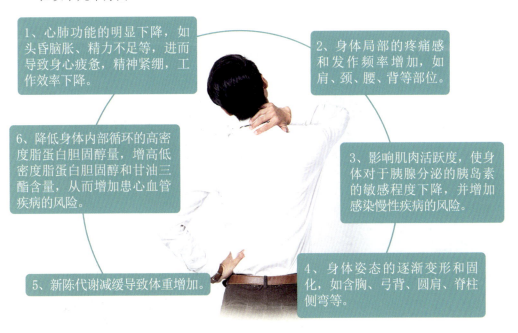

1、心肺功能的明显下降，如头昏脑胀、精力不足等，进而导致身心疲惫，精神紧绷，工作效率下降。

2、身体局部的疼痛感和发作频率增加，如肩、颈、腰、背等部位。

6、降低身体内部循环的高密度脂蛋白胆固醇量，增高低密度脂蛋白胆固醇和甘油三酯含量，从而增加患心血管疾病的风险。

3、影响肌肉活跃度，使身体对于胰腺分泌的胰岛素的敏感程度下降，并增加感染慢性疾病的风险。

5、新陈代谢减缓导致体重增加。

4、身体姿态的逐渐变形和固化，如含胸、弓背、圆肩、脊柱侧弯等。

由此可见，提倡，推广和推行工位健身，既是职工提高自身身体素质的需要，也是促进企业发展的需要。

第三节 工位健身在企业的实施

在企业(事业、机关)单位推行和实施工位健身，是一件对职工有益，对企业有利的好事情。

在企业(事业、机关)实施工位健身,应注重抓好以下三个环节:

一、注重抓好健康意识的教育。特别是企事业单位的领导层和管理层自身健康意识的树立，从"健康中国"战略目标出发，大力提倡和鼓励职工进行工位健身和其他健康活动，为企业推行和实施工位健身创造良好条件，形成健康健身的浓厚氛围。

二、注重工位健身基本知识和基本动作的普及。通过企业健康教练的培训和现场推广，以及视频小教程等途径，带动职工更方便地动起来。

三、注重引导职工的自觉参与。鼓励职工根据自身身体状况和需求，进行工位健身，使工位健身成为职工的自觉行动。

在具体实施的方法上,根据健康体适能的推荐,我们建议每个职工应该每天在工作场所进行工位健身锻炼,基本上能达到每周150分钟左右的锻炼时间。

 频率
建议每天上午和下午各进行一次

强度
工位健身的强度为低强度

时间
建议每次5—15分钟

第二章

健康体适能

第一节 健康体适能的定义

世界卫生组织对体适能定义为："身体有足够的活力和精力进行日常事务，而不会感到过度疲劳，并且有足够的精力享受休闲活动和应付突发事件的能力"。我国学者将其定义为，人体所具备的，有充足的精力从事日常工作(学习)而不感到疲劳，同时有余力享受健康休闲活动的乐趣，能够适应突发状况的能力。

美国运动医学学会认为：体适能包括"健康体适能"和"技能体适能"。健康体适能是与健康密切相关的体适能，是心血管、肺和肌肉发挥最理想效率的能力。它不仅是机体维护自身健康的基础，而且是机体保证以最大活力完成日常工作、降低慢性疾病危险因素出现的条件。技能体适是能够帮助人们在一定技能的运动和活动中表现得更好，其由灵敏性、协调性、平衡性、爆发力、反应时和速度六个要素构成。

健康体适能训练的整体益处

1、 改善身体成分(增肌减脂)，降低2型糖尿病、心血管疾病与代谢综合症的风险；

2、 加快食物在胃肠内的转运速度，降低结肠癌风险；

3、 改善下腰健康，强化竖脊肌，提高下腰支撑力、控制力与功能，提高减震能力；

4、 降低骨关节炎和风湿性关节炎的疼痛程度；

5、 降低老年人与女性的抑郁情绪；

6、 提高老年人的生活功能能力；

7、 提高肌肉组织的线粒体含量与氧化能力。

这些益处从整体上提高了人的生活质量并降低死亡率。

　　工位健身是健康体适能在工作场所健身的最佳实践，根据企业不同的工作场景，结合了心肺、力量、柔韧、平衡等元素，设计出适合不同企业的健身训练动作体系。

　　经过五年多来在300多家企业的实践，证明工位健身有利于减少员工缺勤率；有利于吸引和留住员工；有利于降低健康保险成本、提高生产率；推进了组织价值观与使命，为企业创建健康活力文化打下了坚实基础，产生了良好的社会效应和经济效益。

第二节 健康体适能的构成要素

一、心肺耐力

　　心肺耐力又称有氧耐力，是机体持久工作的基础，被认为是健康体适能中最重要的要素。"有氧"这个词的意思是"用氧气"，你的心、肺和血管一起工作，为你的肌肉在有氧或心肺耐力运动时提供所需的氧气。它代表人体心血管系统和呼吸系统摄入、运送、吸收并利用氧气，进行新陈代谢，产生能量的能力。有氧运动的项目有步行、慢跑、跑步、骑自行车、游泳、跳舞、徒步旅行，以及网球和篮球等运动。

　　良好的心肺能力，是以充分的精力和能力，不仅能保持机体长时间有效地工作和运动，还能保证机体工作或运动后快速消除疲劳和机体有效恢复，防治某些慢性疾病，是促进身心健康的基础。

根据《2010美国运动医学会运动处方与测试指南》和《2013年健康体适能评定理论与方法》(上海教育出版社 第1版)，心肺训练有以下益处：

心肺训练的益处

1、降低血压；　　　　　2、降低总胆固醇与低密度脂蛋白胆固醇水平；

3、提高高密度脂蛋白胆固醇水平(好胆固醇)；

4、降低体脂含量水平；　　5、提高有氧工作能力；

6、提高心脏功能；　　　　7、减轻焦虑、压力与抑郁症状；

8、降低葡萄糖刺激的胰岛素分泌量，降低胰岛素需求，提高葡萄糖耐受性；

9、预防2型糖尿病；　　　10、降低心脏病发作的死亡率；

11、降低某些癌症的患病率。

二、肌肉力量与耐力

肌肉力量是指你的肌肉如何收缩以允许你提起、拉、推和保持物体，是肌肉所能产生的最大力量。肌肉耐力是肌肉持续重复收缩的能力，是机体正常工作的基础。对一般人群来说，身体各肌群的力量应当得到适度的、均衡的发展、同时还需要有能够重复多次，或持续一段时间的耐力，这样才能满足日常生活、工作、休息和应付突发事件的需要。

与有氧健身一样，有很多运动项目可供选项，包括举重、使用阻力带或绳索，以及进行诸如俯卧撑和蜷曲等的体重练习。

力量训练的益处

1、增加神经肌肉控制能力；
2、增加肌肉力量；
3、增加肌肉含量；
4、增加骨密度；
5、增加肌腱、韧带抗拉强度。

三、柔韧性

柔韧性是指通过一个完整的运动范围来移动关节的能力，指在无疼痛的情况下，关节所能活动的最大范围能力。其受肌肉长度、关节结构和其他因素影响，对于保持人体运动能力，防止运动损伤有重要意义。

良好的柔韧性素质，保证肢体有较大的活动范围，可自如地完成各种动作，提高应付突发事件的能力，并在意外的情况下，避免肌肉拉伤、关节韧带扭伤的发生，或减轻损伤的程度。

柔韧训练的益处

1、增加肌肉关节的灵活度和舒适度；
2、降低肌肉的紧张、僵硬程度；
3、预防运动损伤，如拉伤，扭伤；
4、增加运动后身体恢复的速度。

四、身体成分

身体成分是指总体重中的脂肪组织重量（脂肪重）和去脂肪组织（瘦体重）占体重的百分比。

女子脂肪百分率超过体重的32%、男子脂肪百分率超过体重的25%为肥胖。身体成分中的脂肪成分增加，肌肉成分必然下降。

身体中没有收缩功能的脂肪组织较多，进行各种活动的能力就会下降，从而导致基础代谢下降，肥胖症、冠心病、高血压、糖尿病、高血脂等慢性疾病发病率就会增加，所以身体成分是健康体适能重要组成部分。

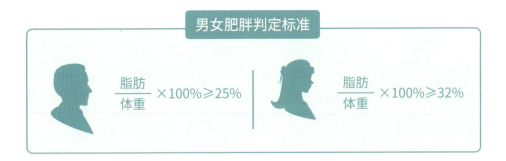

男女肥胖判定标准

$$\frac{脂肪}{体重} \times 100\% \geq 25\%$$

$$\frac{脂肪}{体重} \times 100\% \geq 32\%$$

第二篇
相关行业职业人群的工位健身

本篇精心选择了10个有代表性的行业，根据他们的职业背景和痛点，
设计创编了工位健身训练动作组合。

本书部分模特穿皮鞋、高跟鞋完成动作拍摄，是考虑到其职业特性。
专业建议工位健身时，尽可能换上平底鞋(运动鞋)进行训练。

| 第三章 |

办公室职业人群的工位健身

第一节 办公室职业人群的职业背景

　　办公室人群，俗称白领，遍布各行各业。他们每天的工作，除了开会就是面对电脑和手机终端，写计划、做文案、处理业务。会议多，文案多，工作压力大，这是他们工作最大的特点。

　　大多数白领，由于白天工作繁忙，下班回到家后不愿动弹，偶尔有空，还要收拾家务，运动习惯几乎没有。

身体易出现的征状

办公室人群已经成为亚健康的主要人群之一，由于工作久坐少动的特性，身体关节出现活动度受限，偶尔伴有酸痛感。每天精神疲惫，感觉要么睡不醒，要么睡不着，上楼梯非常容易喘，爬几楼就爬不动。具体可归纳为：

1. 身体关节僵直　　2. 失眠
3. 易困　　　　　　4. 心肺功能变弱

职业特点

1、工作压力大
2、会议多，文案多
3、面对电脑和手机终端，久坐不动

主要原因

身体关节僵直：长期久坐少动，且保持不良坐姿(二郎腿，瘫坐，颈部前引等)，引起身体体态变形，关节活动度受限。
失眠或易困：交感神经与副交感神经活跃度变化不明显，引起易困或失眠等问题。
心肺功能变弱：久坐不动带来的肌肉训练太少，导致心肺功能下降，影响脑供血。

如何改善

矫正正确的坐姿、站姿。加大肩颈腰背等关节的活动度，激活关节周边肌肉，加上低强度有氧练习，提升心肺能力。低强度运动还能帮助提升睡眠质量。

第二节 办公室职业人群的工位健身动作

一、头后仰

二、颈侧拉伸

三、手腕转花

四、双人搭肩下压

五、双人弓步扩胸

六、坐姿扭转

七、交替抬膝跳

一、头后仰

❶ 起势动作

❷ 吸气, 颈部回缩
呼气, 头部向上抬起

练习步骤

1、身体端坐在椅子上，双脚分开与肩同宽踩在地面上，双手自然放在双腿上；

2、保证脊椎正直稳定，双眼直视前方下颌微收，挺胸收腹；

3、吸气，颈部回缩，身体保持直立；

4、呼吸，头部慢慢向上抬起，目视天花板，嘴巴保持紧闭状态；

5、自然呼吸，动作保持15-20秒；

6、练习只需1组；

7、此动作很好的改善长期低头引起的颈部肌肉僵直，增加活动幅度。

◉ 注意事项

1、在向上抬头的过程中注意要咬紧牙关；

2、如果感到头晕头痛头胀或颈部疼痛，请停止动作；

3、如果感到手臂麻胀疼痛，请停止动作；

4、如果有颈椎病变的朋友请在医生许可的情况下做练习。

二、颈侧拉伸

① 起势动作   ② 头部偏向肩膀位置

练习步骤

1、身体端坐在椅子上，双脚分开与肩同宽踩在地面上，双手自然放在双腿上；

2、保证脊椎正直稳定，双眼直视前方下颌微收，挺胸收腹；

3、固定肩膀，头部偏向右侧，右手臂越过头顶轻轻扶住左耳偏上的位置；

4、手臂发力与偏头的方向一致；

5、动作保持15-20秒，换到另一侧；

6、练习只需1组，左右完成即可；

7、此动作可以有效的拉伸颈部两侧肌肉，缓解颈部肌肉僵直，增加颈部活动幅度。

◉ 注意事项

1、自我拉伸的过程中避免用力过猛，匀速发力；

2、伸展的过程中始终保持下巴收紧，有牵拉感即可，不要出现疼痛；

3、如果感到头晕头痛头胀或颈部疼痛，请停止动作；

4、如果感到手臂麻胀疼痛，请停止动作；

5、如果有颈椎病变的朋友，请在医生许可的情况下做练习。

三、手腕转花

❶ 起势动作

❷ 手腕相触,掌心向外

❸ 由内而外,翻转手腕

❹ 收势动作

练习步骤

1、身体端坐在座位上，双脚分开与肩同宽自然踩在地面上；

2、保证脊椎正直稳定，双眼直视前方下颌微收，挺胸收腹；

3、双手腕相触，掌心朝外；

4、保持自然呼吸，双手腕始终相触，由内而外的翻转手腕，重复循环；

5、练习只需1组，动作重复15-20秒；

6、此动作有效放松手腕，增加腕关节活动幅度，缓解肌肉僵直。

◉ 注意事项

1、注意控制力度大小，不要用力过猛；

2、保持匀速发力，不要突然加速；

3、如果有腕关节与肩部疼痛的朋友，请在医生的许可下做练习；

4、练习过程中出现任何疼痛，请停止练习。

四、双人搭肩下压

① 起势动作

② 呼气，双臂伸直，屈髋下压

练习步骤

1、两人面对面站立，两脚开立与肩同宽，双手伸直举过头顶；

2、吸气，保证脊椎正直稳定，双眼直视前方下颌微收，挺胸收腹；

3、呼气，两人同时屈髋下压双手搭在伙伴的肩膀上，双臂伸直，打开肩胸；

4、保持自然呼吸，最大幅度停住；

5、练习只需1组，动作重复15-20秒；

6、此动作可以很好的改善含胸驼背等体态问题，打开肩胸，伸展前表链。

◉ 注意事项

1、屈髋下压时注意控制力度大小，不要用力过猛；

2、最大幅度时保持静止不动，不要出现弹震；

3、大腿后侧过紧者，可以微微屈膝；

4、如果有肩部疼痛的朋友，请在医生的许可下做练习；

5、练习过程中出现刺痛请，停止练习。

五、双人弓步扩胸

① 起势动作

② 吸气，两人背向拉手
呼气，单脚前迈一步呈弓步扩胸

练习步骤

1、两人背对背站立，两脚开立与肩同宽，手臂放松；
2、吸气，两人背向手拉手，保证脊椎正直稳定，双眼直视前方下颌微收，挺胸收腹；
3、呼气，右脚前迈一大步，抬头看向斜前方呈弓步扩胸；
4、保持自然呼吸，最大幅度停住；
5、练习只需1组，动作重复15-20秒；
6、此动作很好的激活身体前表链，灵活肩胸关节，改善含胸驼背。

◉ 注意事项

1、根据肩胸柔韧度调整双人的间距；
2、弓步重心尽量向前，注意控制力度大小，不要用力过猛；
3、如果有肩部疼痛的朋友，请在医生的许可下做练习；
4、练习过程中出现刺痛，请停止练习。

六、坐姿扭转

① 起势动作　　　　　　② 呼气, 身体向左侧扭转; 吸气, 身体回正

练习步骤

1、身体端坐在椅子上，双脚分开与肩同宽踩在地面上；

2、保证脊椎正直稳定，双眼直视前方下颌微收，挺胸收腹；

3、吸气，保持身体直立，头向上延伸；

4、呼气，身体垂直向左侧扭转，双手轻扶左侧座椅扶手；

5、自然呼吸，动作保持15-20秒；

6、重复反方向；

7、练习只需1组，左右完成即可；

8、此动作可以强化脊椎的灵活性，激活核心，提升胸椎旋转功能。

◉ 注意事项

1、在转体的过程中，核心始终保持发力收紧；

2、整个伸展过程中速度不宜过快；

3、如果有肩关节与腰背部疼痛的朋友，请在医生的许可下做练习；

4、练习过程中出现任何疼痛，请停止练习。

七、交替抬膝跳

① 起势动作

② 单侧抬膝同时向上跳跃
左右依次轮换

练习步骤

1、双脚分开与肩同宽，自然站立在地面上，双手叉腰；

2、保证脊椎正直稳定，双眼直视前方下颌微收，挺胸收腹；

3、单侧抬膝同时向上跳跃；

4、保持固定节奏，连续跳跃，双脚交替抬膝；

5、保持均匀呼吸，原地练习，重心始终放在双脚中间；

6、练习1组，保持练习时间1分钟；

7、此动作可以很好加速血液循环，提升心肺功能，有效的增加热量消耗。

◉ 注意事项

1、抬膝过程中始终保持身体挺直，不要前倾或者是后仰；

2、保持匀速提膝，不要突然加速发力；

3、抬腿向上的时候，使大腿与地面平行；

4、如果有膝关节或踝关节疼痛的朋友，请在医生的许可下做练习；

5、练习过程中出现任何疼痛，请停止练习。

| 第四章 |

营销行业销售员职业人群的工位健身

第一节 营销行业销售员职业人群的职业背景

　　营销行业的销售员人群，包括企事业单位的销售员、业务员，需要依靠自己的努力不断协调商家、顾客和社会三方面的关系，是职业压力最大的人群之一。他们往往白天寻找资源拜访客户、晚上有时又要维系客户，饭桌应酬成了他们工作的一个重要部分。销售员职业人群的酒精摄入量往往高于其他行业的职业人群。

职业特点

1. 销售业绩指标压力大，客户应酬多
2. 酒精摄入量较其他职业人群高
3. 饮食热量摄入高

身体易出现的征状

酒精每克有7千卡的热量，并且不提供任何能量供给。长期饮酒，且不具有规律性的运动习惯者，容易造成：
1. 体重超重
2. 心血管疾病
3. 高血压、高血脂、高血糖俗称"三高"
4. 由于工作应酬较多，需要饮酒，饮酒后对肌肉控制能力降低极易发生意外伤害。

主要原因

体重超重：据有关统计数据 1 克酒精能产出 7 千卡的热量。大量的酒精让身体摄入了过高的热量值，从而体内热量过剩并导致肥胖。

心脑血管疾病隐患：当体内脂肪量过高时，血液的正常运行被影响，大大增加患动脉粥样硬化，冠心病、脑淤血等心脑血管疾病的隐患。

"三高"隐患增加：由于热量摄入过高，运动量过少，导致高血脂、高血糖和高血压的隐患增加。

如何改善

每周150分钟中等强度的有氧运动可以帮助减脂，有效预防"三高"。

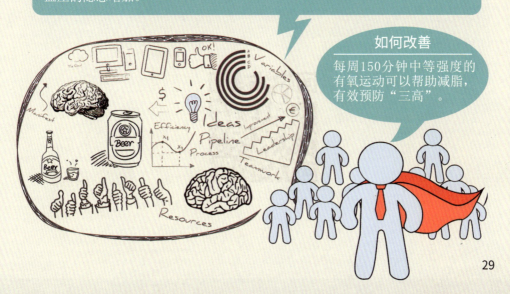

第二节 营销行业销售员职业人群的工位健身动作

一、靠墙推肩

二、桌面俯卧撑

三、桌面平板支撑

四、徒手深蹲

五、原地抬膝

六、前后交叉跳

七、开合跳

一、靠墙推肩

① 起势动作

② 呼气,手臂向上;吸气,手臂向下

练习步骤

1、双腿分开与肩同宽,背靠在墙面上;

2、双臂慢慢抬起掌心朝前,大小臂折叠呈90度角,靠在墙上;

3、呼气,向上慢慢伸直手臂至夹紧耳朵;

4、吸气,向下还原至90度角,上下的过程中始终把背部收紧;

5、练习只需1组,上下交替算1次,重复8-12次;

6、此动作有效激活肩带,打开胸廓,改善上身体态。

◎ 注意事项

1、切记脚后跟,腰部,背部,手背这几个部位都要紧贴墙壁;

2、上举的过程中一定要匀速,慢推,不可以突然加速发力;

3、上下的过程中,始终保持腹部核心的收紧;

4、如果有上肢疼痛的朋友,请在医生的许可下做练习;

5、练习过程中出现任何疼痛,请停止练习。

二、桌面俯卧撑

① 起势动作

② 吸气,身体向下;呼气,身体向上

练习步骤

1、俯撑在桌面上，双手分开1.5倍肩宽，两手保持和肩在一个平面上；

2、双腿蹬直，腹部收紧，身体像平板一样绷直；

3、吸气，向下放身体，使大小臂呈90度角；呼气，向上推起身体；

4、练习3-5组，每组完成10-15次；

5、此动作很好的强化上肢力量，增加热量消耗。

◎ 注意事项

1、起始姿态，不要塌腰，也不要撅屁股；

2、上下起伏的过程中，记得收紧核心，想象身体像一块门板一样结实；

3、推起的过程要匀速，不要突然加速，避免使用爆发力；

4、如果有上肢疼痛的朋友，请在医生的许可下做练习；

5、练习过程中出现任何疼痛，请停止练习。

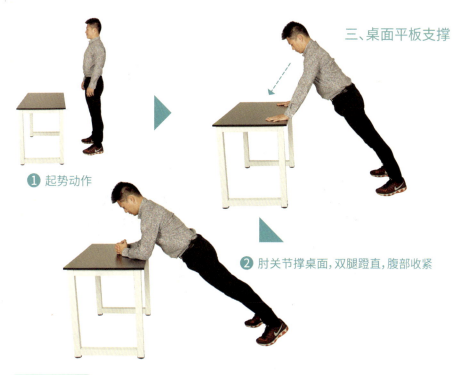

三、桌面平板支撑

❶ 起势动作

❷ 肘关节撑桌面，双腿蹬直，腹部收紧

练习步骤

1、俯撑在桌面上，肘关节支撑，大臂垂直于桌面，双腿蹬直，腹部收紧；

2、保持大腿内侧收紧，臀部夹紧；

3、眼睛自然直视地面，下颌微收；

4、头部、肩部、臀部、脚跟呈一条直线；

5、保持腹部的等长收缩；

6、练习3-5组，每组做到力竭（做不动或动作变形）；

7、此动作有效的激活核心，强化核心肌肉，增加热量消耗。

◉ 注意事项

1、身体撑在地面上的时候，注意保持全身整体性的收紧；

2、臀部收紧可以帮助我们分散一部分腰部的压力；

3、发力的全程注意不要憋气，保持匀速呼吸；

4、如果有腰部疼痛的朋友，请在医生的许可下做练习；

5、练习过程中出现任何疼痛，请停止练习。

四、徒手深蹲

① 起势动作

② 吸气,向下屈髋屈膝
呼气,双腿向上

练习步骤

1、双脚分开与肩同宽，自然站立在地面上，双手交叉抱肩；

2、保证脊椎正直稳定，双眼直视前方下颌微收，挺胸收腹；

3、吸气，向下屈髋，屈膝，使大腿与地面平行；

4、呼气，向上双腿发力，使身体直立；

5、练习3-5组，每组完成30次；

6、此动作可以增加下肢力量，加速血液循环，增加热量消耗。

◉ 注意事项

1、下蹲的过程保持后背挺直，不要弓背弯腰；

2、运动的全程保持匀速呼吸，不要突然加速发力；

3、控制身体重心落在脚后跟上，并且屁股往后坐，膝关节尽量不要超过脚尖；

4、如果有膝关节疼痛的朋友，请在医生的许可下做练习；

5、练习过程中出现任何疼痛，请停止练习。

五、原地抬膝

① 起势动作

② 双手叉腰,向上抬左膝
再交换右膝

练习步骤

1、双脚分开与肩同宽，自然站立在地面上；

2、保证脊椎正直稳定，双眼直视前方下颌微收，挺胸收腹；

3、双手叉腰，向上抬左膝至大腿平行于地面，再交换抬右膝；

4、保持均匀呼吸，原地练习，重心始终放在双脚中间；

5、练习3-5组，每组练习1分钟；

6、此动作可以很好加速血液循环，提升运动心率，有效的增加热量消耗。

◉ 注意事项

1、抬膝过程中始终保持身体挺直，不要前倾或者是后仰；

2、保持匀速提膝，不要突然加速发力；

3、抬腿向上的时候，使大腿与地面平行；

4、如果有膝关节疼痛的朋友，请在医生的许可下做练习；

5、练习过程中出现任何疼痛，请停止练习。

六、前后交叉跳

① 起势动作

② 吸气,准备
呼气,双脚前后交换,做跳跃运动

练习步骤

1、双脚分开前后站立,双手叉腰,右脚在前,左脚在后;

2、保证脊椎正直稳定,双眼直视前方下颌微收,挺胸收腹;

3、吸气,准备;呼气,双腿前后交换,做跳跃运动;

4、练习3-5组,每组练习45秒以上;

5、此动作可以很好加速血液循环,提升运动心率,有效的增加热量消耗。

◉ 注意事项

1、前后跳跃的过程中,注意收紧臀部;

2、控制好身体的重心,不要前后摇摆;

3、双脚落地时用前脚掌着地;

4、如果有下肢疼痛的朋友,请在医生的许可下做练习;

5、练习过程中出现任何疼痛,请停止练习。

七、开合跳

❶ 起势动作

❷ 跳跃双脚开立
两臂由侧而上在头顶击掌

练习步骤

1、双脚并拢，自然站立在地面上，双手自然放在双腿两侧；

2、保证脊椎正直稳定，双眼直视前方下颌微收，挺胸收腹；

3、跳跃至双脚开立，比肩略宽，两臂经侧向上，双手在头顶击掌；

4、跳跃至双脚并拢，手臂还原至双腿两侧；

5、练习3-5组，每组练习45秒以上；

6、此动作可以很好加速血液循环，提升运动心率，有效的增加热量消耗。

◉ 注意事项

1、跳跃的过程中，始终保持核心收紧；

2、挥臂速度不宜过快，保持匀速上下，避免爆发力；

3、双腿落地的时候，用前脚掌接触地面；

4、如果有下肢疼痛的朋友，请在医生的许可下做练习；

5、练习过程中出现任何疼痛，请停止练习。

| 第五章 |

航空行业空乘职业人群的工位健身

第一节 航空行业空乘职业人群的职业背景

　　航空行业的空乘职业人群，由于工作的特殊性，在整个航班过程中，他们需要在狭小的机舱内长时间走动服务乘客。即便在起飞与降落的过程中可以短暂休息，也由于座椅靠背没有曲度，造成腰部肌肉始终得不到休息。同时为了体现航空企业形象，他们需要时刻注意个人形象，保持挺拔的坐姿，全身肌肉都得不到放松。

职业特点
1. 精神高度紧张
2. 飞机舱内工作环境不平稳
3. 全身肌肉得不到及时放松

身体易出现的征状
由于飞行的特点，使得精神始终处于紧张状态。长时间久站，坐下后腰部也没有依靠物，且保持端坐，肩部、颈部、下背部肌肉始终处于紧张状态，得不到缓解，容易造成酸胀、疼痛等问题。

主要原因
下背部不适：长期在飞机不稳定的情况下走路和提供服务，对核心肌肉发力的力量配合要求很高，在不稳定且骨盆前倾错误的骨骼排列下久站，导致腰部肌肉群劳损，发力不均衡，压迫腰椎和神经，导致腰疼。
肩颈不适：飞行过程中，持续保持客舱服务，上肢工作量很大，肌肉得不到缓解与休息，引起肩颈部肌肉僵直，关节活动度受限，引发刺痛。

如何改善
拉伸颈部与肩部过紧的肌肉，增加肩颈关节活动幅度，增加关节周边肌肉的灵活性及弹性。通过静态伸展练习，拉伸放松下背部肌群消除僵硬，使肌肉及肌筋膜恢复柔软和正常弹性。

第二节 航空行业空乘职业人群的工位健身动作

一、站姿耸肩

二、肩关节环绕

三、侧头拉伸

四、肩胛提肌伸展

五、骨盆滚动

六、坐姿体侧伸展

七、坐婴式伸展

一、站姿耸肩

① 起势动作

② 吸气,提肩向上;呼气,沉肩向下

练习步骤

1、双脚分开与肩同宽,手臂自然放在身体两侧;

2、保证脊椎正直稳定,双眼直视前方下颌微收,挺胸收腹;

3、吸气,提肩向上,让肩膀靠近耳根;

4、呼气,沉肩向下还原;

5、练习只需1组,完成8-12次;

6、此动作练习很好的放松紧张的肩部,缓解肩颈肌肉僵直。

◉ 注意事项

1、耸肩的过程中,注意身体挺直,不要弯腰弓背;

2、上下循环的过程中,速度不宜过快;

3、注意匀速呼吸,不要憋气;

4、如果有上肢疼痛的朋友,请在医生的许可下做练习;

5、练习过程中出现任何疼痛,请停止练习。

二、肩关节环绕

❶ 起势动作

❷ 双手屈臂搭肩
由前至后环绕一圈

练习步骤

1、双脚分开与肩同宽，自然站立在地面；

2、保证脊椎正直稳定，双眼直视前方下颌微收，挺胸收腹；

3、保持自然呼吸，双手屈臂搭肩，由前至后的环绕；

4、练习只需1组，绕1圈算1次，完成8-12次；

5、此动作练习有效的缓解肩关节紧张，增加肩关节活动幅度。

◉ 注意事项

1、环绕的过程中，保持身体的直立；

2、核心收紧，匀速呼吸，保持专注在动作上；

3、双手始终放在肩膀两侧；

4、如果有肩膀疼痛的朋友，请在医生的许可下做练习；

5、练习过程中出现任何疼痛，请停止练习。

三、侧头拉伸

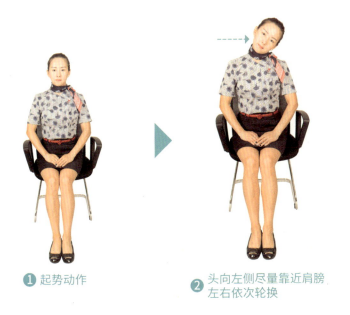

① 起势动作

② 头向左侧尽量靠近肩膀
　左右依次轮换

练习步骤

1、身体端坐在椅子上，双脚并拢踩在地面上，双手自然放在双腿上；

2、保证脊椎正直稳定，双眼直视前方下颌微收，挺胸收腹；

3、吸气，腰背挺直；呼吸，头倒向左侧，耳朵尽量靠近肩膀，停留2-5秒；

4、吸气，回到正直；呼气，反方向重复动作；

5、练习只需1组，左右交替算1次，完成6-8次；

6、此动作可以有效的拉伸颈部两侧肌肉，缓解颈部肌肉僵直，增加颈部活动幅度。

◉ 注意事项

1、注意坐在椅子上的时候，保持身体挺直，不要弯腰；

2、伸展的时候，让脖子有牵拉感即可，不要出现疼痛；

3、向侧伸展的时候，注意下巴收紧；

4、如果有颈椎疼痛的朋友，请在医生的许可下做练习；

5、练习过程中出现任何疼痛，请停止练习。

四、肩胛提肌伸展

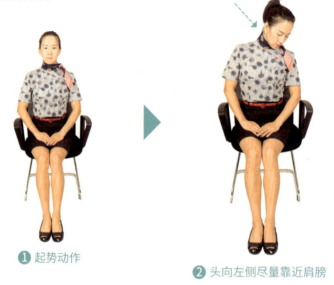

① 起势动作 　　　　　　　② 头向左侧尽量靠近肩膀

练习步骤

1、身体端坐在椅子上，双脚并拢踩在地面上，双手自然放在双腿上；

2、保证脊椎正直稳定，双眼直视前方下颌微收，挺胸收腹；

3、吸气，头部转向左侧45度；

4、呼气，低头向下，右肩用力下沉；

5、保持自然呼吸，动作保持15-20秒；

6、重复反方向；

7、练习只需1组，左右完成即可；

8、此动作练习有效的缓解肩关节紧张，增加肩关节活动幅度。

◎ 注意事项

1、注意坐在椅子上的时候，保持身体挺直，不要弯腰；

2、静态伸展的时候，让脖子有牵拉感即可，不要出现疼痛；

3、向侧伸展的时候，注意下巴收紧；

4、如果有颈椎疼痛的朋友，请在医生的许可下做练习；

5、练习过程中出现任何疼痛，请停止练习。

五、骨盆滚动

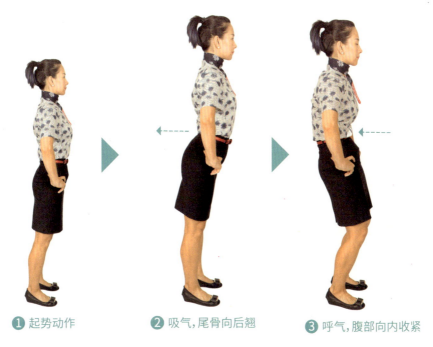

① 起势动作　　② 吸气,尾骨向后翘　　③ 呼气,腹部向内收紧

练习步骤

1、双脚分开与肩同宽，自然站立在地面上，双手叉腰；

2、保证脊椎正直稳定，双眼直视前方下颌微收，挺胸收腹；

3、吸气，尾骨向后翘呈骨盆前倾；

4、呼气，腹部向内收紧，尾骨向前卷呈骨盆后倾；

5、练习只需1组，完成8-12次；

6、此动作很好的改善腰部肌肉紧张，激活核心肌肉，增加核心的稳定，缓解腰背疼痛。

◉ 注意事项

1、卷动的过程中保持身体的挺直，不要向前或者向后偏移重心；

2、卷动过程中始终保持匀速的呼吸，不要突然发力或者憋气；

3、如果有腰椎疼痛的朋友，请在医生的许可下做练习；

4、练习过程中出现任何疼痛，请停止练习。

六、坐姿体侧伸展

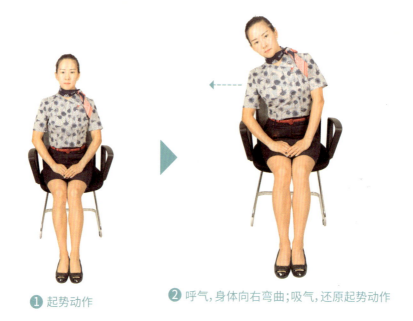

❶ 起势动作　　　　　　❷ 呼气,身体向右弯曲;吸气,还原起势动作

练习步骤

1、身体端坐在椅子上，双脚并拢踩在地面上，双手自然放在双腿上；

2、吸气，保证脊椎正直稳定，双眼直视前方下颌微收，挺胸收腹；

3、呼气，身体向右侧弯；

4、吸气，身体还原至正直；

5、练习只需1组，左右算1次，完成8-12次；

6、此动作在有限的空间内，伸展身体两侧肌肉，激活稳定核心肌肉。

◉ 注意事项

1、侧弯的时候，注意腰部核心收紧，保护腰椎；

2、往两侧弯的时候，注意全程匀速进行，不要过快与突然加速；

3、侧弯的时候手臂贴近耳朵，保持上半身平行于地面；

4、如果有腰椎疼痛的朋友，请在医生的许可下做练习；

5、练习过程中出现任何疼痛，请停止练习。

七、坐婴式伸展

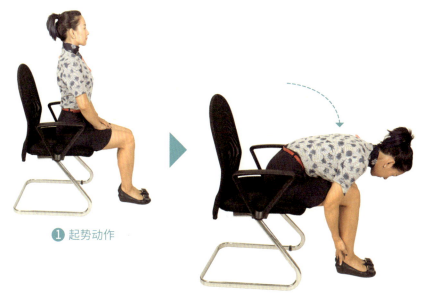

❶ 起势动作

❷ 俯身向前,双手抱住脚踝

练习步骤

1、身体端坐在椅子上，双脚并拢踩在地面上，双手自然放在双腿上；

2、吸气，身体立直向上，核心收紧；

3、呼气，俯身向前，腹部贴住大腿，双手抱住脚踝，头部自然放松向下；

4、保持自然呼吸，动作停留15-20秒；

5、练习只需1组；

6、此动作在有限的空间内，伸展下背部肌肉，改善腰背疼痛。

◉ 注意事项

1、注意保持呼吸的加深；

2、动作练习过程中不要憋气；

3、如果有腰背部疼痛的朋友，请在医生的许可下做练习；

4、练习过程中出现任何疼痛，请停止练习。

| 第六章 |

医务行业外科医生职业人群的工位健身

第一节 医务行业外科医生职业人群的职业背景

医务行业的外科医生职业人群，除了急诊坐诊，还要手术和科研。长时间的手术是对体力和脑力的双重考验。一场中型的外科手术下来消耗掉的热量甚至不逊色一场半程马拉松比赛，手术全程必须保持高度的精神集中，不得半点松懈。

有时还会在休息日，被一台紧急手术或急诊召回医院，很难有完全的放松休息。

身体易出现的征状

持续高强度的工作状态，身体机能始终得不到有效缓解与休息。无论坐诊还是休息，核心部位与上肢都持续紧张的做功。如果不做特别的按摩或拉伸练习，会出现局部肌肉僵硬，肩部疲劳、疼痛等现象。

职业特点

1. 手术过程中长时间僵硬一个动作
2. 精神高度集中
3. 工作强度大

主要原因

下背僵直：长时间的久坐或者久站与压抑紧张的氛围，让整个下背部的腰方肌、竖脊肌处于长期紧张疲劳的状态，手术的过程中腰背的压力得不到很好的释放，下背部肌肉疲劳，腰部疲劳，导致非常明显的下背部酸痛。
肩部疲劳：长期微细操控、显微镜、内窥镜甚至手术机器人，微小活动幅度导致肩颈部肌肉疲劳和肌筋膜紧张无法放松，导致关节压力过大无法释放，造成肩部僵硬及酸胀感较强。

如何改善

通过呼吸练习，缓解紧绷的神经。加强臀腿部力量，降低下背部压力，同时灵活上肢关节，增加关节活动度。

第二节 医务行业外科医生职业人群的工位健身动作

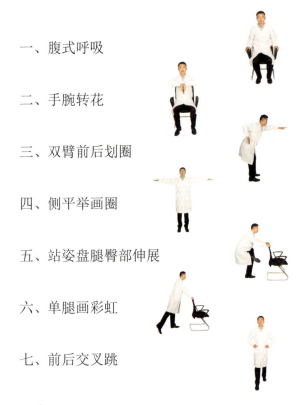

一、腹式呼吸

二、手腕转花

三、双臂前后划圈

四、侧平举画圈

五、站姿盘腿臀部伸展

六、单腿画彩虹

七、前后交叉跳

一、腹式呼吸

❶ 起势动作

❷ 吸气,腹部向外膨胀
吐气,腹部向内收缩

练习步骤

1、双腿开立与肩同宽，自然坐立在椅子后端；

2、保持双臂自然且放松的搭在扶手两侧；

3、双眼微闭，下颌微收，肩膀下沉；

4、鼻子吸气4秒，吸气时腹部(肚子)向外膨胀；

5、嘴巴慢慢吐气6秒，吐气时腹部(肚子)向内收缩；

6、练习只需1组，完成4-6次呼吸，让身心逐渐放松；

7、此动作可以放松神经，缓解压力。

◉ 注意事项

1、在呼吸过程中注意保持关注内在的呼吸；

2、吸气过程中，肩膀要自然放松，不要耸肩；

3、嘴巴呼气的时候，注意口型呈小O；

4、如果有胸腔问题的朋友，请在医生的许可下做练习；

5、练习过程中出现任何疼痛，请停止练习。

二、手腕转花

❶ 起势动作

❷ 手腕相触,掌心向外

❸ 由内而外,翻转手腕

❹ 收势动作

练习步骤

1、身体端坐在座位上，双脚分开与肩同宽自然踩在地面上；

2、保证脊椎正直稳定，双眼直视前方下颌微收，挺胸收腹；

3、双手腕相触，掌心朝外；

4、保持自然呼吸，双手手腕始终相触，由内而外的翻转手腕，重复循环；

5、练习只需1组，动作重复15-20秒；

6、此动作有效放松手腕，增加腕关节活动幅度，缓解肌肉僵直。

◉ 注意事项

1、注意控制力度大小，不要用力过猛；

2、保持匀速发力，不要突然加速；

3、如果有腕关节与肩部疼痛的朋友，请在医生的许可下做练习；

4、练习过程中出现任何疼痛，请停止练习。

三、双臂前后划圈

① 起势动作

② 身体前倾15°，双臂模仿自由泳动作

练习步骤

1、双脚分开与肩同宽，自然踩在地面上；

2、身体略微前倾15度，核心收紧；

3、保持自然呼吸，双臂模仿自由泳划水姿势；

4、练习只需1组，动作重复15-20秒；

5、有效缓解肩部紧张，灵活肩关节活动度。

◉ 注意事项

1、在运动过程中，保持专注，收紧核心；

2、不要突然加速，循序渐进；

3、如果有肩关节与腰背部疼痛的朋友，请在医生的许可下做练习；

4、练习过程中出现任何疼痛，请停止练习。

四、侧平举画圈

① 起势动作

② 双臂侧平举,掌心向下
从前向后绕圈

练习步骤

1、双脚分开与肩同宽,自然踩在地面上;

2、双臂侧平举,掌心朝下五指并拢;

3、双臂从前往后绕圈画小圈,匀速呼吸;

4、保持匀速呼吸,身体挺直收紧核心,保持骨盆在中立位;

5、练习只需1组,动作保持45秒以上;

6、此动作提升肩带稳定性,增加肩带肌肉力量。

◉ 注意事项

1、注意在做手臂绕圈的时候,身体重心保持稳定在双腿中间;

2、匀速环绕手臂,不要突然加速发力;

3、绕圈的时候,保持核心收紧,骨盆稳定;

4、如果有腰椎疼痛的朋友,请在医生的许可下做练习;

5、练习过程中出现任何疼痛,请停止练习。

五、站姿盘腿臀部伸展

① 起势动作

② 左腿踝关节放在右侧大腿上
屈体俯身向前,腹部贴近大腿

练习步骤

1、双脚分开与肩同宽自然站立在地面，双手扶在桌面(椅子)上；

2、保证脊椎正直稳定，双眼直视前方下颌微收，挺胸收腹；

3、左腿踝关节盘放在右侧大腿上方；

4、吸气，身体保持直立向上；

5、呼气，屈体俯身向前，腹部尽量贴近大腿；

6、保持自然呼吸，动作停留15-20秒；

7、重复反方向；

8、练习只需1组，左右完成即可；

9、此动作可以很好的伸展臀部肌肉，放松肌筋膜。

◉ 注意事项

1、躯干朝向身体前方不同的方向，拉伸到臀大肌不同部位；

2、俯身往下的时候，切记不要弯腰弓背；

3、如果有腰背部疼痛的朋友，请在医生的许可下做练习；

4、练习过程中出现任何疼痛，请停止练习。

六、单腿画彩虹

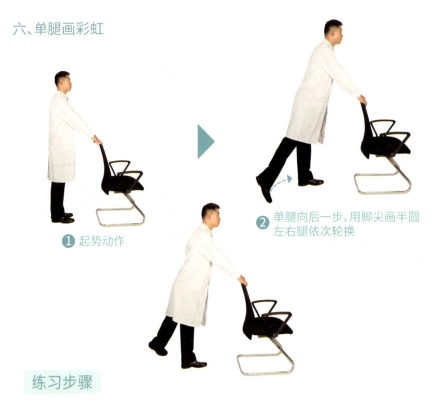

❶ 起势动作

❷ 单腿向后一步，用脚尖画半圆
左右腿依次轮换

练习步骤

1、双脚分开与肩同宽，自然站立在地面上；

2、双手扶在桌面(椅子)上，右腿向后一小步绷脚背；

3、想象脚尖后侧有一张画布，用右腿在画布上画一道彩虹(半圆)；

4、保持自然呼吸，完成10-15次；

5、重复另一条腿；

6、练习只需1组，左右完成即可；

7、此动作强化臀部肌肉，增加核心的稳定性，减缓下背紧张。

⊙ 注意事项

1、移动腿的过程保持后背挺直，不要弓背弯腰；

2、运动的全程保持匀速呼吸，不要突然加速发力；

3、控制身体重心落在前侧腿上，并且臀部收紧；

4、如果有髋关节疼痛的朋友，请在医生的许可下做练习；

5、练习过程中出现任何疼痛，请停止练习。

七、前后交叉跳

❶ 起势动作

❷ 吸气, 准备
呼气, 双腿前后交换, 做跳跃运动

练习步骤

1、双脚分开前后站立，双手叉腰，右脚在前，左脚在后；

2、保证脊椎正直稳定，双眼直视前方下颌微收，挺胸收腹；

3、吸气，准备；呼气，双腿前后交换，做跳跃运动；

4、练习3-5组，每组练习45秒以上；

5、此动作可以很好加速血液循环，提升运动心率，有效的增加热量消耗。

◉ **注意事项**

1、前后跳跃的过程中，注意收紧臀部；

2、控制好身体的重心，不要前后摇摆；

3、双脚落地时用前脚掌着地；

4、如果有下肢疼痛的朋友，请在医生的许可下做练习；

5、练习过程中出现任何疼痛，请停止练习。

| 第七章 |

零售行业营业员职业人群的工位健身

第一节 零售行业营业员职业人群的职业背景

零售行业营业员职业人群，包括所有和客户直接见面为顾客提供销售服务的职业人员。由于服务理念的改变和社会生活节奏的变化，大部分商店或便利店营业时间都比较长，工作时间营业员在柜台内一站就很久，有的岗位还需要轮班倒。属于久站少动人群的代表。

身体易出现的征状

营业员每日上班时，都是长时间久站为主，日积月累得不到缓解，不进行专门针对性的训练，容易引起：
1、足底痛
2、腿部酸软无力
3、小腿酸胀水肿和静脉曲张

职业特点

1. 工作时间长
2. 站立时间久

主要原因

足底痛：久站足底压力过大产生足底筋膜炎，造成足跟、足底疼痛。
腿部酸软无力：长期站立没有肌肉力量练习进行关节支撑稳定，使腿部容易疲劳无力感强。
小腿酸胀水肿、小腿静脉曲张：少动加上长期久站导致下肢静脉内血液回流严重受限，血液就会在小腿部分的静脉内积聚，下肢静脉回流血液产生受限，导致血管胀大失去弹性，就形成了静脉曲张。

如何改善

最简单的预防方法是增加下肢肌肉的训练，增加足弓稳定性和强度、增加下肢的力量和血液循环。静脉回流有力，才有效的预防静脉曲张。

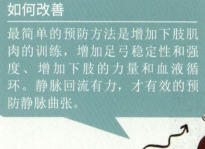

59

第二节 零售行业营业员职业人群的工位健身动作

一、站姿体前屈

二、站姿起踵

三、桌面平板撑

四、徒手深蹲

五、剪步蹲

六、站姿盘腿臀部伸展

七、站姿抵墙小腿拉伸

一、站姿体前屈

1 起势动作

2 吸气,挺胸收腹
呼气,屈髋向前,双手扶膝

练习步骤

1、双脚分开与肩同宽,自然站立在地面上;

2、吸气,保证脊椎正直稳定,双眼直视前方下颌微收,挺胸收腹;

3、呼气,屈髋向前,双手扶住大腿,保持静态伸展;

4、练习3-5组,每组保持前屈15-20秒;

5、此动作有效的伸展大腿后侧肌群,为后面的训练做好准备。

◉ 注意事项

1、注意俯身的过程中,双腿始终保持伸直;

2、静态伸展的时候,呼吸要匀速,不要憋着气;

3、如果有腰背部疼痛的朋友,请在医生的许可下做练习;

4、练习过程中出现任何疼痛,请停止练习。

二、站姿起踵

② 吸气,挺胸收腹
　　呼气,脚跟离地向上

① 起势动作

练习步骤

1、双脚分开与肩同宽,自然站立在地面上;

2、吸气,保证脊椎正直稳定,双眼直视前方下颌微收,挺胸收腹;

3、呼气,双脚同时发力把脚跟抬离地面,踮脚站立,收紧小腿;

4、吸气,向下还原预备姿势;

5、练习只需1组,完成8-12次;

6、此动作很好的锻炼到小腿肌肉,加速血液循环,增加热量消耗。

◉ 注意事项

1、身体起落的过程中注意收紧核心,不要让身体乱晃;

2、呼吸保持匀速,不要憋气,匀速发力,不要爆发力;

3、如果有下肢疼痛的朋友,请在医生的许可下做练习;

4、练习过程中出现任何疼痛,请停止练习。

三、桌面平板撑

❶ 大臂撑住身体，腹部与臀部收紧

练习步骤

1、肘关节撑在桌面(椅子)上，大臂垂直于桌面(椅子)，双腿蹬直，腹部收紧；

2、保持大腿内侧收紧，臀部夹紧；

3、眼睛自然直视地面，下颌微收；

4、头部、肩部、臀部、脚跟呈一条直线；

5、保持腹部的等长收缩；

6、练习3-5组，每组做到力竭(做不动或动作变形)；

7、此动作有效的激活核心，强化核心肌肉，增加热量消耗。

◉ 注意事项

1、身体撑在桌面上的时候，注意保持全身整体性的收紧；

2、臀部收紧可以帮助我们分散一部分腰部的压力；

3、发力的全程注意不要憋气，保持匀速呼吸；

4、如果有腰部疼痛的朋友，请在医生的许可下做练习；

5、练习过程中出现任何疼痛，请停止练习。

四、徒手深蹲

① 起势动作

② 吸气,向下屈髋屈膝
呼气,双腿向上直立

练习步骤

1、双脚分开与肩同宽,自然站立在地面上,双手交叉抱肩;

2、保证脊椎正直稳定,双眼直视前方下颌微收,挺胸收腹;

3、吸气,向下屈髋,屈膝,使大腿与地面平行;

4、呼气,向上双腿发力,使身体直立;

5、练习3-5组,每组完成30次;

6、此动作可以增加下肢力量,加速血液循环,增加热量消耗。

◎ 注意事项

1、下蹲的过程保持后背挺直,不要弓背弯腰;

2、运动的全程保持匀速呼吸,不要突然加速发力;

3、控制身体重心落在脚后跟上,臀部尽量向后坐的感觉,膝关节尽量
不要超过脚尖;

4、如果有膝关节疼痛的朋友,请在医生的许可下做练习;

5、练习过程中出现任何疼痛,请停止练习。

五、箭步蹲

❶ 起势动作

❷ 左腿前迈一步,吸气,两膝弯曲向下
呼气,慢慢还原向上,左右依次轮换

练习步骤

1、双脚分开与肩同宽,自然站立在地面上,双手叉腰;

2、保证脊椎正直稳定,双眼直视前方下颌微收,挺胸收腹;

3、左腿向前迈一大步呈弓步,右脚跟离地指向天空;

4、吸气,两膝同时弯曲向下蹲,至大小腿呈90度停住;

5、呼气,慢慢还原向上;

6、动作重复8-12次;

7、重复反方向;

8、练习只需1组,左右完成即可;

9、此动作很好的增加大腿与臀部力量,加速血液循环。

◎ 注意事项

1、向下蹲屈的过程中,注意身体始终挺直;

2、上半身始终垂直于地面,腹部收紧;

3、做动作过程中,注意控住好身体重心,始终放在双腿中间;

4、如果有膝关节疼痛的朋友,请在医生的许可下做练习;

5、练习过程中出现任何疼痛,请停止练习。

六、站姿盘腿臀部伸展

① 起势动作

② 右脚踝放在左侧大腿上
屈体俯身向前，腹部贴近大腿

练习步骤

1、双脚分开与肩同宽自然站立在地面，双手扶在桌面(椅子)上；

2、保证脊椎正直稳定，双眼直视前方下颌微收，挺胸收腹；

3、右腿踝关节盘放在左侧大腿上方；

4、吸气，身体保持直立向上；

5、呼气，屈体俯身向前，腹部尽量贴近大腿；

6、保持自然呼吸，动作停留15-20秒；

7、重复反方向；

8、练习只需1组，左右完成即可；

9、此动作可以很好的伸展臀部肌肉。

◉ 注意事项

1、躯干朝向身体前方不同的方向，拉伸到臀大肌不同部位；

2、俯身往下的时候，切记不要弯腰弓背；

3、如果有膝关节或腰背部疼痛的朋友，请在医生的许可下做练习；

4、练习过程中出现任何疼痛，请停止练习。

七、站姿抵墙小腿拉伸

① 起势动作　　　　　　② 髋部微屈向后拉伸小腿

练习步骤

1、双脚分开与肩同宽，面对墙壁（椅子）站立，双手扶墙（椅子）；

2、右脚向前迈一小步，勾脚尖抵住墙壁；

3、后背挺直，髋部微屈向后坐，重心微微向前，右侧小腿有牵拉感；

4、自然呼吸，动作保持15-20秒；

5、重复反方向；

6、练习只需1组，左右完成即可；

7、此动作很好的拉伸小腿肌肉，活动脚踝，加速下肢血液循环。

◉ 注意事项

1、俯身向前的时候，注意后背保持挺直，不要弯腰；

2、匀速向下，用肚脐找向大腿前侧，不要弹震性拉伸；

3、臀部主动向后，增加小腿牵拉感，控制好力度；

4、如果有下肢疼痛的朋友，请在医生的许可下做练习；

5、练习过程中出现任何疼痛，请停止练习。

| 第八章 |

咨询行业咨询师职业人群
的工位健身

第一节 咨询行业咨询师职业人群的职业背景

　　咨询行业的从业者，包括IT咨询师、财务咨询师、律师咨询师等知识服务提供者，每天都在专业事务上和各类企业客户打交道。制定策划方案、实施方案和解决方案等各类文案，更是一件费心费时的工作，往往为了在最后期限完成项目而加班加点，遇到关键节点时，甚至需要通宵工作。

职业特点
1. 以脑力工作为主
2. 工作时间长
3. 作息时间无规律，经常加班加点甚至通宵达旦

身体易出现的征状
咨询师每天要处理大量的专业事务，压力大易造成精神紧绷，久坐不动又容易造成身体乏力僵硬、脑部供血不足等问题。

主要原因
精神压力大：产生的压力源是引起不适的主要原因。
工作强度大：咨询工作的高强度和快节奏使从业者的休息时间不够充足，久而久之就会形成大脑昏沉、脊椎僵硬。
久坐不动：久坐不动带来的肌肉训练太少，导致心肺功能下降，影响脑供血。

如何改善
放松肌肉。通过动静结合的伸展练习，缓解紧张的神经系统。

第二节 咨询行业咨询师职业人群的工位健身动作

一、腹式呼吸

二、颈部伸展

三、后仰前弯

四、三角式伸展

五、双人盘腿伸展

六、弓步髂腰肌伸展

七、双人站姿小腿伸展

一、腹式呼吸

❶ 起势动作

❷ 吸气,腹部向外膨胀
吐气,腹部向内收缩

练习步骤

1、双腿开立与肩同宽，自然坐立在椅子后端；

2、保持双臂自然且放松的搭在扶手两侧；

3、双眼微闭，下颌微收，肩膀下沉；

4、鼻子吸气4秒，吸气时腹部(肚子)向外膨胀；

5、嘴巴慢慢吐气6秒，吐气时腹部(肚子)向内收缩；

6、练习只需1组，完成4-6次呼吸，让身心逐渐放松；

7、此动作可以放松神经，缓解压力。

◉ 注意事项

1、在呼吸过程中注意保持关注内在的呼吸；

2、吸气过程中，肩膀要自然放松，不要耸肩；

3、嘴巴呼气的时候，注意口型呈小O；

4、如果有心肺问题的朋友，请在医生的许可下做练习；

5、练习过程中出现任何疼痛，请停止练习。

二、颈部伸展

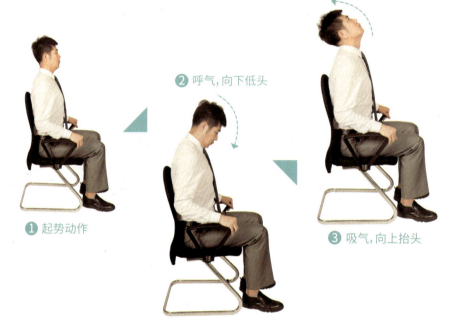

② 呼气，向下低头

① 起势动作

③ 吸气，向上抬头

练习步骤

1、双腿开立与肩同宽，自然坐立在椅子后端；

2、保证脊椎正直稳定，双眼直视前方下颌微收，挺胸收腹；

3、双臂自然且放松的搭在扶手两侧；

4、呼气，向下低头，收下颌，感觉颈部后侧的伸展；

5、吸气，向上抬头，嘴巴微闭，感觉颈部前侧的伸展；

6、练习只需1组，上下交替算1次，完成8-12次；

7、此动作有效的缓解颈部僵直，提升脑供血。

◉ 注意事项

1、向下低头伸展的时候，注意不要用力过猛，匀速进行；

2、向上抬头的时候，注意咬紧牙关，不要张嘴；

3、上下伸展的过程中，注意要匀速发力，不要突然加速；

4、如果有颈椎疼痛的朋友，请在医生的许可下做练习；

5、练习过程中出现任何疼痛，请停止练习。

三、后仰前弯

② 吸气,双臂掌心相对上举
身体后仰

③ 呼气,身体前屈
双手抓住膝关节为止

① 起势动作

练习步骤

1、双脚分开与肩同宽,自然站立在地面,手臂放松;

2、保证脊椎正直稳定,双眼直视前方下颌微收,挺胸收腹;

3、吸气,双臂举过头顶,掌心相对,身体慢慢向后弯;

4、呼气,身体逐渐向前弯呈体前屈,双手抓住膝关节;

5、练习只需1组,前后算1次,完成8-12次;

6、此动作灵活躯干,强化核心力量,加速血液循环。

◉ 注意事项

1、后仰的过程中不要幅度过大,掌控力度;

2、全程保持匀速,不要突然发力;

3、如果有腰背部疼痛的朋友,请在医生的许可下做练习;

4、练习过程中出现任何疼痛,请停止练习。

四、三角式伸展

① 起势动作

② 身体向左弯曲,手臂保持不动
左右依次轮换

练习步骤

1、双脚分开两倍肩宽，双手侧平举，掌心朝下；

2、吸气，身体立直，核心收紧；

3、呼气，保持手臂不动，身体向左侧弯曲，左手指向地面，右手指向天空；

4、吸气，慢慢还原直立；

5、呼气重复反方向；

6、练习只需1组，左右交替算1次，完成8-12次；

7、此动作灵活腰背，强化核心力量，激活身体侧表链。

◎ 注意事项

1、伸展的过程中，保持核心收紧；

2、不要突然发力加速；

3、如果有腰背部疼痛的朋友，请在医生的许可下做练习；

4、练习过程中出现任何疼痛，请停止练习。

五、双人盘腿伸展

① 起势动作

② 右腿踝关节放在左侧大腿上
呼气,屈髋向下;吸气,起身向上

练习步骤

1、两人面对面站立，双脚分开与肩同宽；

2、两人手拉手，同时抬右脚，轻轻搭在左腿上，吸气，挺胸收腹；

3、呼气，后背挺直屈髋向下坐；

4、吸气，慢慢起身向上；

5、大腿与地面呈平行状态，保持动态伸展；

6、动作重复8-12次；

7、重复反方向；

8、练习只需1组，左右完成即可；

9、此动作为动态伸展，有效放松臀部肌肉，激活下肢力量。

◎ 注意事项

1、臀部往后坐的过程中注意身体保持挺直的状态；

2、向下静态伸展的时候，不要弯腰；

3、全程保持匀速呼吸不要憋气；

4、如果有膝关节或腰椎疼痛的朋友，请在医生的许可下做练习；

5、练习过程中出现任何疼痛，请停止练习。

六、弓步髂腰肌伸展

❶ 起势动作   ❷ 双手叉腰,右脚前跨呈弓步

练习步骤

1、双脚分开与肩同宽，自然站立在地面，手臂放松；

2、右脚前跨一大步呈右弓步；

3、双手叉腰，左脚跟离地，重心下沉，髋关节向前发力；

4、保持自然呼吸，动作停留15-20秒；

5、重复反方向；

6、练习只需1组，左右完成即可；

7、此动作可以很好的伸展髂腰肌，改善久坐导致的髋屈肌过紧。

◉ 注意事项

1、注意在做弓步伸展的时候，身体重心保持稳定在双腿中间；

2、匀速向下降低身体，不要突然加速发力；

3、伸展的时候，保持臀部收紧，骨盆后倾的姿态；

4、如果有膝关节或腰椎疼痛的朋友，请在医生的许可下做练习；

5、练习过程中出现任何疼痛，请停止练习。

七、双人站姿小腿伸展

① 起势动作

② 己方脚尖抵住对方脚尖
髋部向后坐，牵拉小腿肌肉

练习步骤

1、双人面对面站立，双脚分开与肩同宽；

2、双人手拉手，同侧脚同时向前迈一小步，勾脚尖抵住对方的脚尖；

3、后背挺直，髋部微屈向后坐，重心微微向前，右侧小腿有牵拉感；

4、自然呼吸，动作保持15-20秒；

5、重复反方向；

6、练习只需1组，左右完成即可；

7、此动作很好的拉伸小腿肌肉，活动脚踝，加速下肢血液循环。

◉ 注意事项

1、俯身向前的时候，注意后背保持挺直，不要弯腰；

2、匀速向下，用肚脐找向大腿前侧，不要弹震性拉伸；

3、臀部主动向后，增加小腿牵拉感，控制好力度；

4、如果有下肢疼痛的朋友，请在医生的许可下做练习；

5、练习过程中出现任何疼痛，请停止练习。

| 第九章 |

教育行业教师职业人群的工位健身

第一节 教育行业教师职业人群的职业背景

　　教育行业教师职业人群，其工作特点是以脑力劳动为主，承担着繁重的教学管理任务，无课时往往需要在电脑前准备课程教案、教学计划，伏案批改学生的作业。上课时，始终站立面对黑板奋笔疾书，书写教学内容。一般一个骨干教师往往需要一天工作累计站立4-5小时。

身体易出现的征状

板书时教师们始终使用单侧手臂写字，经年累月如此工作，如不进行运动改善，容易造成单侧肩部等不适现象。主要表现为肩膀疼痛，酸麻，沉重、抬不起胳膊，容易引起：
1. 肩周炎
2. 肩峰撞击综合症

职业特点

1. 工作时间长
2. 长时间保持同样的姿势
3. 大量讲话进行语言沟通

主要原因

冻结肩又称肩周炎、肩关节周围炎、五十肩。长期单肩工作，易导致肌肉及肩关节韧带劳损粘连僵硬，和关节腔内滑液减少，关节的摩擦增大等导致肩关节囊及其周围韧带、肌腱和滑囊的慢性特异性炎症，是以肩关节夜间疼痛和肩关节活动受限为主要症状的常见病症。如得不到有效的治疗，有可能严重影响肩关节的功能活动。肩关节会有广泛压痛，并向颈部及肘部放射，还可出现不同程度的三角肌的萎缩，导致肌肉失衡严重。

肩峰下撞击综合症：教师们除了每日上课写黑板字，在伏案准备教学方案时也有许多肩臂肌肉参与协调，很容易引起肌肉、肌腱等软组织的过度疲劳，造成肩袖肌群损伤出现炎症。经过长时间的累积，体内出现了慢性损伤后，长期形成了肩峰下撞击综合症。

如何改善

拉伸肩部过紧的肌肉，增加肩关节活动幅度，减少肩带活动代偿，增加肩带周边肌肉的灵活性及弹性，预防肩部及肩带肌肉僵硬带来的韧带损伤叠加。增加肌肉力量训练有助于改善肩关节滑液的分泌，降低关节摩擦，减低肩袖肌群撕裂概率，增加肩关节囊的健康度，提高肩部关节的灵活性。肩部肌肉需要有张力和灵活度，而不是僵硬。

第二节 教育行业教师职业人群的工位健身动作

一、肩关节环绕

二、直臂肩胛骨环绕

三、颈后拉肘

四、弓步髂腰肌伸展

五、双臂前后划圈

六、桌面俯卧撑

七、桌面臂屈伸

注:教育行业的工位健身动作适合小学、中学、大学的教育工作者。

一、肩关节环绕

① 起势动作　　② 双手屈臂搭肩，由前至后环绕

练习步骤

1、双脚分开与肩同宽，自然站立在地面；

2、保证脊椎正直稳定，双眼直视前方下颌微收，挺胸收腹；

3、保持自然呼吸，双手屈臂搭肩，由前至后的环绕；

4、练习只需1组，绕1圈算1次，完成8-12次；

5、此动作练习有效的缓解肩关节紧张，增加肩关节活动幅度。

◉ 注意事项

1、环绕的过程中，保持身体的直立；

2、核心收紧，匀速呼吸，保持专注在动作上；

3、双手始终放在肩膀两侧；

4、如果有肩膀疼痛的朋友，请在医生的许可下做练习；

5、练习过程中出现任何疼痛，请停止练习。

二、直臂肩胛骨环绕

① 起势动作

② 肩关节向前绕环一周

练习步骤

1、双脚分开与肩同宽踩在地面上，双手向前伸直掌心相对；

2、保证脊椎正直稳定，双眼直视前方下颌微收，挺胸收腹；

3、控制肩关节向前绕环，像火车的车轮一样；

4、保持自然呼吸，动作重复8-12次；

5、反方向后绕；

6、练习只需1组，前后完成即可；

7、此动作练习有效的缓解肩颈关节紧张，增加肩关节活动幅度。

◉ 注意事项

1、双臂在移动的时候，注意收紧核心，同时保持目视前方；

2、如果感到头晕头痛头胀或颈部疼痛请停止动作；

3、如果感到手臂麻胀疼痛，请停止动作；

4、如果有颈椎病变的朋友，请在医生许可的情况下做练习。

三、颈后拉肘

❶ 起势动作

❷ 左手向左轻轻拉动右肘关节

练习步骤

1、身体端坐在椅子上，双脚分开与肩同宽踩在地面上；

2、保证脊椎正直稳定，双眼直视前方下颌微收，挺胸收腹；

3、右手举过头顶，大小臂折叠，掌心朝向正后方，肘关节指向天花板；

4、左手扶住右侧肘关节，轻轻向左侧拉动；

5、保持自然呼吸，动作保持15-20秒；

6、重复反方向；

7、练习只需1组，左右完成即可；

8、此动作练习有效的缓解肩关节紧张，增加肩关节活动幅度。

◉ 注意事项

1、保持核心收紧，身体挺直；

2、拉肘的过程中，不宜发力过猛，保持静态伸展；

3、如果有肩关节与腰背部疼痛的朋友，请在医生的许可下做练习；

4、练习过程中出现任何疼痛，请停止练习。

四、弓步髂腰肌伸展

❶ 起势动作   ❷ 双手叉腰，右脚前跨呈弓步

练习步骤

1、双脚分开与肩同宽，自然站立在地面，手臂放松；

2、右脚前跨一大步呈右弓步；

3、双手叉腰，左脚跟离地，重心下沉，髋关节向前发力；

4、保持自然呼吸，动作停留15-20秒；

5、重复反方向；

6、练习只需1组，左右完成即可；

7、此动作可以很好的伸展髂腰肌，改善久坐导致的髋屈肌过紧。

◉ 注意事项

1、注意在做弓步伸展的时候，身体重心保持稳定在双腿中间；

2、匀速向下降低身体，不要突然加速发力；

3、伸展的时候，保持臀部收紧，骨盆后倾的姿态；

4、如果有膝关节或腰椎疼痛的朋友，请在医生的许可下做练习；

5、练习过程中出现任何疼痛，请停止练习。

五、双臂前后划圈

❶ 起势动作

❷ 身体前倾15°，双臂模仿自由泳

练习步骤

1、双脚分开与肩同宽，自然踩在地面上；

2、身体略微前倾15度，核心收紧；

3、保持自然呼吸，双臂模仿自由泳划水姿势；

4、练习只需1组，动作重复15-20秒；

5、有效缓解肩部紧张，灵活肩关节活动度。

◉ 注意事项

1、在运动过程中，保持专注，收紧核心；

2、不要突然加速，循序渐进；

3、如果有肩关节与腰背部疼痛的朋友，请在医生的许可下做练习；

4、练习过程中出现任何疼痛，请停止练习。

六、桌面俯卧撑

① 起势动作

② 吸气,身体向下;呼气,身体向上

练习步骤

1、俯撑在桌面(踏板)上,双手分开1.5倍肩宽,两手保持和肩在一个平面上;

2、双腿直立,腹部收紧,身体像平板一样绷直;

3、吸气,向下放身体,使大小臂呈90度角;呼气,向上推起身体;

4、练习3-5组,每组完成10-15次;

5、此动作很好的强化肩胸力量,提升肌肉张力,增加肩关节的稳定性。

◉ 注意事项

1、起始姿态上,不要塌腰,也不要过于翘臀;

2、上下起伏的过程中,记得收紧核心,想象身体像一块门板一样结实;

3、推起的过程要匀速,不要突然加速,避免使用爆发力;

4、如果有上肢疼痛的朋友,请在医生的许可下做练习;

5、练习过程中出现任何疼痛,请停止练习。

七、桌面臂屈伸

① 起势动作

② 吸气,身体向下;呼气,身体向上

练习步骤

1、双脚分开与肩同宽,自然站立在地面上;

2、保证脊椎正直稳定,双眼直视前方下颌微收,挺胸收腹;

3、背靠桌子(椅子),双手撑在桌面(椅子)外沿,指尖朝前;

4、吸气,下放身体至大小臂呈90度;

5、呼气,上推,让身体回到原位;

6、练习3-5组,动作重复8-12次;

7、此动作很好的强化上肢力量,提升肌肉张力,增加肩关节的稳定性。

◉ 注意事项

1、向下的过程中注意腹部的收紧,保护腰椎;

2、整个过程中动作要慢,匀速上下;

3、身体不要前后摇晃。保持躯干稳定;

4、如果有上肢疼痛的朋友,请在医生的许可下做练习;

5、练习过程中出现任何疼痛,请停止练习。

| 第十章 |

制造行业生产一线职业人群的工位健身

第一节 制造行业生产一线职业人群的职业背景

传统制造业的工作普遍是体力活儿，工作时间长；流水线作业人群更是工作压力大，工作枯燥单调，精神压力高度紧张。有时订单旺季，为了完成生产任务，需要黑白两班倒，甚至三班倒的工作，并且经常性加班加点赶任务，赶进度。

职业特点

1. 工作时间长
2. 长时间重复同样的工作行为
3. 工作强度大

身体易出现的征状

长时间高负荷的体力工作，让他们身体肌肉得不到很好的休息与恢复，容易出现：
1. 肩颈部肌肉紧张僵硬
2. 背部紧张僵硬
3. 腿后侧紧张僵硬

主要原因

肩颈部肌肉紧张僵硬：工作肩颈使用负荷量很大，而造成斜方肌中上部，颈后侧，三角肌前束过于紧张，使得相应肌筋膜处于紊乱状态导致张力失衡造成肩颈紧张僵硬不适感强烈。
背部肌肉紧张僵硬：长时间重复动作导致背部中下斜方肌、竖脊肌、腰方肌紧张，造成背部紧张僵硬。
腿后侧肌肉紧张僵硬：长期站姿及重复性活动导致腿部肌肉腘绳肌、小腿三头肌及足底筋膜紧张僵硬。

如何改善

静态伸展可有效地帮助肌筋膜重新排列，消除僵硬，使肌肉及肌筋膜恢复柔软和正常弹性。

第二节 制造行业生产一线职业人群的工位健身动作

一、双臂前后划圈

二、双人侧向拉伸

三、双人弓步扩胸

四、弓步髂腰肌伸展

五、坐姿扭转

六、坐姿单腿体前屈

七、坐姿盘腿伸展

一、双臂前后划圈

① 起势动作

② 身体前倾15°，双臂模仿自由泳

练习步骤

1、双脚分开与肩同宽，自然踩在地面上；

2、身体略微前倾15度，核心收紧；

3、保持自然呼吸，双臂模仿自由泳划水姿势；

4、练习只需1组，动作重复15-20秒；

5、有效缓解肩部紧张，灵活肩关节活动度。

◉ 注意事项

1、在运动过程中，保持专注，收紧核心；

2、不要突然加速，循序渐进；

3、如果有肩关节与腰背部疼痛的朋友，请在医生的许可下做练习；

4、练习过程中出现任何疼痛，请停止练习。

二、双人侧向拉伸

① 起势动作

② 两人弯曲外膝呈侧弓步，重心向外

练习步骤

1、两人双脚分开两倍肩宽，两人内侧脚碰脚站立；

2、内侧相邻的手拉手，外侧手头顶上方拉手；

3、吸气，身体立直，核心收紧，确保手臂和身体处于同一平面；

4、呼气，两人同时弯曲外侧膝关节呈侧弓步，重心向外；

5、自然呼吸，动作保持15-20秒；

6、重复反方向；

7、练习只需1组，左右完成即可；

8、此动作灵活脊柱，激活核心，激活身体侧表链。

◉ 注意事项

1、侧弯的时候，注意腰部核心收紧，保护腰椎；

2、往两侧弯的时候，注意全程匀速进行，不要过快与突然加速；

3、侧弯的时候手臂贴近耳朵，保持上半身平行于地面；

4、如果有腰椎疼痛的朋友，请在医生的许可下做练习；

5、练习过程中出现任何疼痛，请停止练习。

三、双人弓步扩胸

① 起势动作

② 吸气,两人背向拉手
呼气,右脚前迈一步呈弓步扩胸

练习步骤

1、两人背对背站立,两脚开立与肩同宽,手臂放松;

2、吸气,两人背向手拉手,保证脊椎正直稳定,双眼直视前方下颌微收,挺胸收腹;

3、呼气,右脚前迈一大步,抬头看向斜前方呈弓步扩胸;

4、保持自然呼吸,最大幅度停住;

5、练习只需1组,动作重复15-20秒;

6、此动作很好的激活身体前表链,灵活肩胸关节,改善含胸驼背。

◉ 注意事项

1、根据肩胸柔韧度调整双人的间距;

2、弓步重心尽量向前,注意控制力度大小,不要用力过猛;

3、如果有肩部疼痛的朋友,请在医生的许可下做练习;

4、练习过程中出现刺痛,请停止练习。

四、弓步髂腰肌伸展

❶ 起势动作　　　　　　　❷ 双手叉腰，左脚前跨呈弓步

练习步骤

1、双脚分开与肩同宽，自然站立在地面，手臂放松；

2、左脚前跨一大步呈左弓步；

3、双手叉腰，右脚跟离地，重心下沉，髋关节向前发力；

4、保持自然呼吸，动作停留15-20秒；

5、重复反方向；

6、练习只需1组，左右完成即可；

7、此动作可以很好的伸展髂腰肌，改善久坐导致的髋屈肌过紧。

◉ 注意事项

1、注意在做弓步伸展的时候，身体重心保持稳定在双腿中间；

2、匀速向下降低身体，不要突然加速发力；

3、伸展的时候，保持臀部收紧，骨盆后倾的姿态；

4、如果有膝关节或腰椎疼痛的朋友，请在医生的许可下做练习；

5、练习过程中出现任何疼痛，请停止练习。

五、坐姿扭转

❶ 起势动作

❷ 呼气,身体向左侧扭转;吸气,身体回正

练习步骤

1、身体端坐在椅子上，双脚分开与肩同宽踩在地面上；

2、保证脊椎正直稳定，双眼直视前方下颌微收，挺胸收腹；

3、吸气，保持身体直立，头向上延伸；

4、呼气，身体垂直向左侧扭转，双手轻扶左侧座椅扶手；

5、自然呼吸，动作保持15-20秒；

6、重复反方向；

7、练习只需1组，左右完成即可；

8、此动作可以强化脊椎的灵活性，激活核心，提升胸椎旋转功能。

◉ 注意事项

1、在转体的过程中，核心始终保持发力收紧；

2、整个伸展过程中速度不宜过快；

3、如果有肩关节与腰背部疼痛的朋友，请在医生的许可下做练习；

4、练习过程中出现任何疼痛，请停止练习。

六、坐姿单腿体前屈

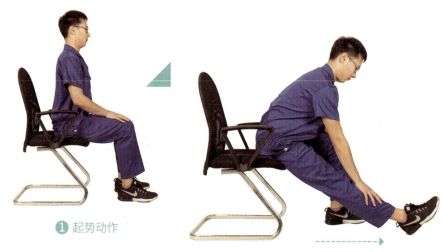

① 起势动作

② 吸气，右腿前伸勾脚；呼气，俯身向前

练习步骤

1、双脚分开与肩同宽，自然端坐在椅子三分之一处；

2、吸气，右脚前伸勾脚尖，收紧核心，腰背挺直；

3、呼气，俯身向前，后背挺直，感觉大腿后侧有拉伸感；

4、自然呼吸，动作保持15-20秒；

5、重复反方向；

6、练习只需1组，左右完成即可；

7、此动作练习有效的拉伸大腿后侧肌群，放松下肢僵直的肌肉。

◉ 注意事项

1、保持椅子的稳定，不要滑走；

2、向前伸腿的时候，注意要勾脚尖，不要憋气；

3、匀速向前俯身，想象肚脐贴向大腿的感觉；

4、如果有下肢与腰背部疼痛的朋友，请在医生的许可下做练习；

5、练习过程中出现任何疼痛，请停止练习。

七、坐姿盘腿伸展

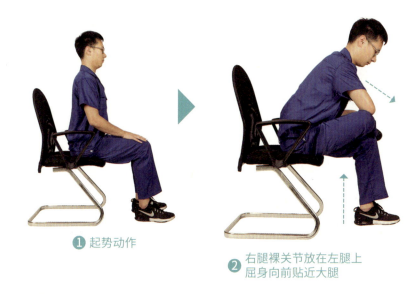

① 起势动作

② 右腿踝关节放在左腿上
屈身向前贴近大腿

练习步骤

1、端坐在椅子的三分之一处，双脚自然分开与肩同宽踩在地面上，右腿踝关节盘放在左侧大腿上方；

2、保证脊椎正直稳定，双眼直视前方下颌微收，挺胸收腹；

3、吸气，身体保持直立向上；

4、呼气，屈体俯身向前，腹部尽量贴近大腿；

5、保持自然呼吸，动作停留15-20秒；

6、重复反方向；

7、练习只需1组，左右完成即可；

8、此动作可以很好的伸展臀部肌肉，放松肌筋膜。

◉ 注意事项

1、躯干朝向身体前方不同的方向，拉伸到臀大肌不同部位；

2、俯身往下的时候，切记不要弯腰弓背；

3、如果有腰背部疼痛的朋友，请在医生的许可下做练习；

4、练习过程中出现任何疼痛，请停止练习。

| 第十一章 |

电信客服行业话务员职业人群的工位健身

第一节 电信客服行业话务员职业人群的职业背景

电信客服行业的话务员职业人群包括各类服务热线的接线员，担任着政府企业和事业单位接听用户客户的咨询、解答、投诉建议、售前售后咨询服务等任务。工作时间长，有时三班倒，上坐席以后几乎没有放松的时间。

职业特点

1.长时间久坐
2.长时间戴耳机接听电话，人的精神经常处于紧张状态
3.长时间保持同样的姿势

身体易出现的征状

长时间坐在电脑面前接听热线，保持单一姿势不变，容易造成：
1.上肢肩颈部位紧张
2.小腿静脉曲张
3.深层静脉血栓

主要原因

上肢肩颈部位紧张：在应对顾客的咨询和投诉时，他们保持着精神高度集中的状态。由于压力较大，颈部和上背部肌筋膜紧张的肌肉紧张牵拉头皮，会引起头痛等症状。
小腿静脉曲张：少动加上长期久坐导致下肢静脉回流严重受限，血液就会在小腿部分的静脉内积聚，下肢静脉回流血液产生受限，导致血管胀大失去弹性，就形成了静脉曲张。
深层静脉血栓：少动加上长期久坐导致下肢静脉回流严重受限，尤其当食物油脂含量过高时会形成深层静脉血栓。

如何改善

按摩和拉伸紧张的肌肉，并做低强度的有氧运动，让血液充分回流，持续的有氧可以帮助分泌多巴胺让精神愉悦 放松，缓解头疼。

第二节 电信客服行业话务员职业人群的工位健身动作

一、胸式呼吸

二、坐姿抓握

三、腕屈肌伸展

四、肩带伸展

五、前后交叉跳

六、开合跳

七、摇绳跳

注:电信客服行业的工位健身动作适合呼叫中心、电话销售及电话客服职工。

一、胸式呼吸

❶ 起势动作

❷ 吸气,腹部向内收缩,肋骨横向扩张
吐气,腹部慢慢还原,肋骨向内收缩

练习步骤

1、双腿并拢自然坐立在椅子后端;

2、保持双手放在腹部前;

3、双眼微闭,下颌微收,肩膀下沉;

4、鼻子吸气4秒,吸气时腹部向内收缩,肋骨左右横向扩张;

5、嘴巴慢慢吐气6秒,吐气时腹部慢慢还原,肋骨向内收缩;

6、练习只需1组,完成4-6次呼吸,让身心逐渐放松;

7、此动作可以放松神经,缓解压力。

◉ 注意事项

1、在呼吸过程中注意保持关注内在的呼吸。

2、吸气过程中,肩膀要自然放松,不要耸肩。

3、嘴巴呼气的时候,注意口型呈小O。

4、如果有胸腔问题的朋友,请在医生的许可下做练习;

5、练习过程中出现任何疼痛,请停止练习。

二、坐姿抓握

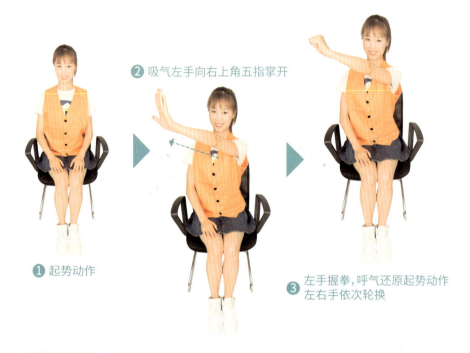

② 吸气左手向右上角五指掌开

① 起势动作

③ 左手握拳,呼气还原起势动作
左右手依次轮换

练习步骤

1、身体端坐在椅子上,双脚并拢踩在地面上,双手自然放在双腿上;

2、保证脊椎正直稳定,双眼直视前方下颌微收,挺胸收腹;

3、吸气,左手向右上角抓握;呼气,还原;

4、两侧交替抓握,保持匀速呼吸;

5、练习只需1组,左右交替算1次,重复8-12次;

6、此动作可以放松上肢肌肉,缓解肌肉僵直。

◉ 注意事项

1、左右抓握的时候,注意身体核心的稳定;

2、不要突然加速发力,全程保持匀速呼吸;

3、手掌向两侧最远端去抓握;

4、如果有肩关节疼痛的朋友,请在医生的许可下做练习;

5、练习过程中出现任何疼痛,请停止练习。

三、腕屈肌伸展

❶ 起势动作

❷ 左手前举，指尖向下，右手回拉左手指尖

练习步骤

1、身体端坐在椅子上，双脚并拢自然踩在地面上，双手自然放在双腿上；

2、保证脊椎正直稳定，双眼直视前方下颌微收，挺胸收腹；

3、左手前平举，掌心向上，伸腕向前，指尖指向地面；

4、右手抓住左手指尖，轻轻用力回拉；

5、保持自然呼吸，动作停留15-20秒；

6、重复反方向；

7、练习只需1组，左右完成即可；

8、此动作可以拉伸腕屈肌，缓解前臂肌肉僵直。

◎ 注意事项

1、拉伸过程中，不要耸肩；

2、始终保持腹部收紧，身体挺直；

3、静态牵拉的过程中产生酸痛感即可；

4、如果有手腕疼痛的朋友，请在医生的许可下做练习；

5、练习过程中出现任何疼痛，请停止练习。

四、肩带伸展

② 吸气,挺胸收腹
左手背在体后

① 起势动作

③ 呼气,右手抓左肘关节
向内拉动

练习步骤

1、身体端坐在椅子上,双脚并拢自然踩在地面上,双手自然放在双腿上;

2、吸气,保证脊椎正直稳定,双眼直视前方下颌微收,挺胸收腹,左手背在
体后;

3、呼气,右手抓做左侧肘关节,微微发力向内拉动,左侧肩带前引;

4、保持自然呼吸,动作保持15-20秒;

5、重复反方向;

6、练习只需1组,左右完成即可;

7、此动作很好的拉伸肩带,改善肩关节紧张、僵硬等问题。

◉ 注意事项

1、牵拉过程中,始终保持匀速呼吸,不要憋气;

2、静态牵拉的过程中不可发力过猛,感觉有酸痛感即可;

3、如果有肩关节疼痛的朋友,请在医生的许可下做练习;

4、练习过程中出现任何疼痛,请停止练习。

五、前后交叉跳

① 起势动作

② 吸气,准备
呼气,双腿前后交换,做跳跃运动

练习步骤

1、双脚分开前后站立,双手叉腰,右脚在前,左脚在后;

2、保证脊椎正直稳定,双眼直视前方下颌微收,挺胸收腹;

3、吸气,准备;呼气,双腿前后交换,做跳跃运动;

4、练习3-5组,每组练习45秒以上;

5、此动作可以很好加速血液循环,提升运动心率,有效的增加热量消耗。

◉ 注意事项

1、前后跳跃的过程中,注意收紧臀部;

2、控制好身体的重心,不要前后摇摆;

3、双脚落地时用前脚掌着地;

4、如果有下肢疼痛的朋友,请在医生的许可下做练习;

5、练习过程中出现任何疼痛,请停止练习。

六、开合跳

❶ 起势动作

❷ 跳跃双脚开立
两臂由侧而上在头顶击掌

练习步骤

1、双脚并拢，自然站立在地面上，双手自然放在双腿两侧；

2、保证脊椎正直稳定，双眼直视前方下颌微收，挺胸收腹；

3、跳跃至双脚开立，比肩略宽，两臂经侧向上，双手在头顶击掌；

4、跳跃至双脚并拢，手臂还原至双腿两侧；

5、练习3-5组，每组练习45秒以上；

6、此动作可以很好加速血液循环，提升运动心率，有效的增加热量消耗。

◉ 注意事项

1、跳跃的过程中，始终保持核心收紧；

2、挥臂速度不宜过快，保持匀速上下，避免爆发力；

3、双腿落地的时候，用前脚掌接触地面；

4、如果有下肢疼痛的朋友，请在医生的许可下做练习；

5、练习过程中出现任何疼痛，请停止练习。

七、摇绳跳

① 起势动作

② 双腿原地跳跃,双臂做跳绳动作

练习步骤

1、双脚并拢,自然站立在地面上,双手自然放在双腿两侧;

2、保证脊椎正直稳定,双眼直视前方下颌微收,挺胸收腹;

3、双脚原地跳跃,双手模拟摇绳动作;

4、练习只需1组,保持45秒以上;

5、此动作可以很好加速血液循环,提升运动心率,有效的增加热量消耗。

◉ 注意事项

1、跳跃的过程中,始终保持核心收紧;

2、挥臂速度不宜过快,保持匀速上下,避免爆发力;

3、双腿落地的时候,用前脚掌接触地面;

4、如果有下肢疼痛的朋友,请在医生的许可下做练习;

5、练习过程中出现任何疼痛,请停止练习。

| 第十二章 |

交通行业出租车驾驶员职业人群的工位健身

第一节 交通行业出租车驾驶员职业人群的职业背景

交通行业出租车驾驶员人群，包括公交车司机、地铁司机、货运司机等。在狭小的工作空间，长时间驾驶车辆，身体不能跟随感觉自我调整或及时休息。

目前的出租车驾驶的车辆多为手动挡，驾驶员的双脚需要在离合器、油门和刹车间切换，遇到高峰期时这一切换频率会更高。

职业特点
1. 工作上岗后不能轻易休息
2. 工作空间狭小不能充分伸展
3. 肩背腿得不到充分拉伸

身体易出现的征状
由于上述职业特性，驾驶员不进行固定运动，容易出现肩膀、腰背、髋、小腿等部位的不适感，主要表现为僵硬、酸胀、疼痛。

主要原因
肩部僵硬：长期手扶方向盘，微小活动幅度导致肌肉疲劳和肌筋膜紧张无法放松，导致关节压力过大无法释放，造成肩部僵硬感较强。
下背不适：长时间的久坐与不宽敞的环境使司机们的身体在一天的工作中无法得到伸展，下背部肌肉疲劳，腰部疲劳，非常明显的下背部酸痛。
髋部紧张：髋关节长时间保持屈髋，屈髋肌群紧张（髂腰肌、臀中肌前束、臀小肌前束、股直肌近端）导致髋关节活动紊乱。
下肢酸胀：双脚频繁踩踏，长期累积会感觉小腿沉重、酸胀等不适。

如何改善
伸展过紧的髂腰肌肌肉，加强腰部力量训练，同时灵活肩部与脚踝的关节。

第二节 交通行业出租车驾驶员职业人群的工位健身动作

一、头环绕

二、手腕转花

三、足内翻伸展

四、弓步髂腰肌伸展

五、三角式伸展

六、箭步蹲

七、徒手深蹲

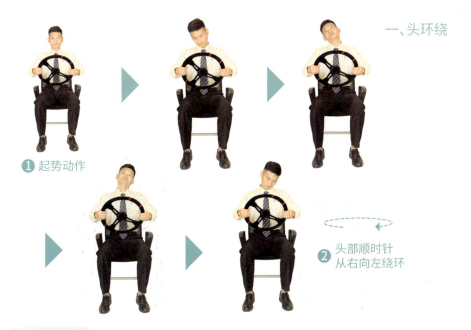

一、头环绕

① 起势动作

② 头部顺时针
从右向左绕环

练习步骤

1、身体端坐在座位上，双脚分开与肩同宽踩在地面上，双手自然放在方向盘上；

2、保证脊椎正直稳定，双眼直视前方下颌微收，挺胸收腹；

3、头部按照顺时针从右向左绕环，动作缓慢匀速；

4、保持自然呼吸，绕环3-5圈；

5、变换方向逆时针环绕；

6、练习只需1组，左右完成即可；

7、此动作练习可以有效改善肩颈僵直，放松肩颈肌肉。

◎ **注意事项**

1、环绕过程中切记不可速度过快，缓慢转圈是重点；

2、想象头顶有一个时钟表盘，我们的头每移动一下，就像是秒针走了一个刻度，这样颈部的肌肉会更充分的放松；

3、如果感到头晕头痛头胀或颈部疼痛，请停止动作；

4、如果感到手臂麻胀疼痛，请停止动作；

5、如果有颈椎病变的朋友，请在医生许可的情况下做练习。

二、手腕转花

① 起势动作   ② 双手腕由内向外翻转

练习步骤

1、身体端坐在座位上，双脚分开与肩同宽自然踩在地面上；

2、保证脊椎正直稳定，双眼直视前方下颌微收，挺胸收腹；

3、双手腕相触，掌心朝外；

4、保持自然呼吸，双手腕始终相触，由内而外的翻转手腕，重复循环；

5、练习只需1组，动作重复15-20秒；

6、此动作有效放松手腕，增加腕关节活动幅度，缓解肌肉僵直。

◉ 注意事项

1、注意控制力度大小，不要用力过猛；

2、保持匀速发力，不要突然加速；

3、如果有腕关节与肩部疼痛的朋友，请在医生的许可下做练习；

4、练习过程中出现任何疼痛，请停止练习。

三、足内翻伸展

❶ 起势动作

❷ 双脚翻起,两膝不动

练习步骤

1、双手扶在方向盘上,正常坐在座位上;

2、保持自然呼吸,双足内翻,两脚外侧部触地,两膝保持不动;

3、练习3-5组,每组保持15-20秒;

4、此动作在有限的空间内,很好的放松小腿肌肉群,改善下肢肿胀问题。

◉ 注意事项

1、脚外侧触地的时候,注意力度大小,不要突然发力;

2、保持静态伸展,时间不宜过长,两侧交替伸展;

3、如果有踝关节与肩部疼痛的朋友,请在医生的许可下做练习;

4、练习过程中出现任何疼痛,请停止练习。

四、弓步髂腰肌伸展

❶ 起势动作　　　　　　　❷ 双手叉腰，左脚前跨呈弓步

练习步骤

1、双脚分开与肩同宽，自然站立在地面，手臂放松；

2、左脚前跨一大步呈左弓步；

3、双手叉腰，右脚跟离地，重心下沉，髋关节向前发力；

4、保持自然呼吸，动作停留15-20秒；

5、重复反方向；

6、练习只需1组，左右完成即可；

7、此动作可以很好的伸展髂腰肌，改善久坐导致的髋屈肌过紧。

◉ 注意事项

1、伸展的过程中，保持核心收紧；

2、不要让身体过度后仰；

3、如果有膝关节或腰背部疼痛的朋友，请在医生的许可下做练习；

4、练习过程中出现任何疼痛，请停止练习。

五、三角式伸展

❶ 起势动作

❷ 身体向左弯曲，手臂保持不动
左右依次轮换

练习步骤

1、双脚分开两倍肩宽，双手侧平举，掌心朝下；

2、吸气，身体立直，核心收紧；

3、呼气，保持手臂不动，身体向左侧弯曲，左手指向地面，右手指向天空；

4、吸气，慢慢还原直立；

5、呼气重复反方向；

6、练习只需1组，左右交替算1次，完成8-12次；

7、此动作灵活腰背，强化核心力量，激活身体侧表链。

◉ 注意事项

1、伸展的过程中，保持核心收紧；

2、不要突然发力加速；

3、如果有腰背部疼痛的朋友，请在医生的许可下做练习；

4、练习过程中出现任何疼痛，请停止练习。

六、箭步蹲

❶ 起势动作

❷ 左腿前迈一步, 吸气, 两膝弯曲向下
呼气, 慢慢还原向上

练习步骤

1、双脚分开与肩同宽, 自然站立在地面上, 双手叉腰;

2、保证脊椎正直稳定, 双眼直视前方下颌微收, 挺胸收腹;

3、左腿向前迈一大步呈弓步, 右脚跟离地指向天空;

4、吸气, 两膝同时弯曲向下蹲, 至大小腿呈90度停住;

5、呼气, 慢慢还原向上;

6、动作重复8-12次;

7、重复反方向;

8、练习只需1组, 左右完成即可;

9、此动作很好的增加大腿与臀部力量, 加速血液循环。

◉ 注意事项

1、向下蹲屈的过程中, 注意身体始终挺直;

2、上半身始终垂直于地面, 腹部收紧;

3、做动作过程中, 注意控住好身体重心, 始终放在双腿中间;

4、如果有膝关节疼痛的朋友, 请在医生的许可下做练习;

5、练习过程中出现任何疼痛, 请停止练习。

七、徒手深蹲

① 起势动作

② 吸气，向下屈髋屈膝
呼气，双腿向上直立

练习步骤

1、双脚分开与肩同宽，自然站立在地面上，双手交叉抱肩；

2、保证脊椎正直稳定，双眼直视前方下颌微收，挺胸收腹；

3、吸气，向下屈髋，屈膝，使大腿与地面平行；

4、呼气，向上双腿发力，使身体直立；

5、练习3-5组，每组完成30次；

6、此动作可以增加下肢力量，加速血液循环，增加热量消耗。

◉ 注意事项

1、下蹲的过程保持后背挺直，不要弓背弯腰；

2、运动的全程保持匀速呼吸，不要突然加速发力；

3、控制身体重心落在脚后跟上，并且臀部尽量向后坐的感觉，膝关节尽量不要超过脚尖；

4、如果有膝关节疼痛的朋友，请在医生的许可下做练习；

5、练习过程中出现任何疼痛，请停止练习。

第三篇
人体主要部位的工位健身

本篇主要根据人体各个部位(颈部、胸部与背部、肩部、手臂与手腕、腹部与腰部、臀部与腿部)的特点提供通用的训练和拉伸动作方法。

| 第十三章 |

颈部工位健身

第一节 颈部部位

一、颈部常见问题

颈部，俗称脖子，是人体的一个重要部位，主要承担着人的头部和躯干的连接，以及头部的支撑和角度的转换。使脑部发出的各种指令得以传输到躯干和四肢，同时身体的各种感受和刺激也以神经冲动的方式传递回脑。同时也是食道、气管和血管的主要连接通道部位。

由于办公条件的现代化，电脑已成为不可或缺的办公工具，以及手机终端的普及，长时间保持同一姿势在屏幕前工作，大大增加了颈部肌肉的使用强度，影响颈部肌肉本身的血液供给，使颈部肌肉过度劳损的程度增加，造成颈部肌肉过度紧张和疲劳，产生颈部酸胀、脑供血不足、头晕头胀、偏头痛等症状，严重时过于紧张的局部颈部肌肉使颈椎排列产生变化，直接压迫椎管内的中枢神经造成肩部手臂麻痹疼痛甚至瘫痪。

工位健身通过加强颈部肌肉力量练习、伸展和灵活性练习，来恢复紧张颈部肌肉的弹性，提高自身肌肉力量加强对颈椎的保护，增加颈椎的稳定及肌肉血液供给来改善颈部肌肉不均衡。

二、工位健身动作主要放松肌肉部位

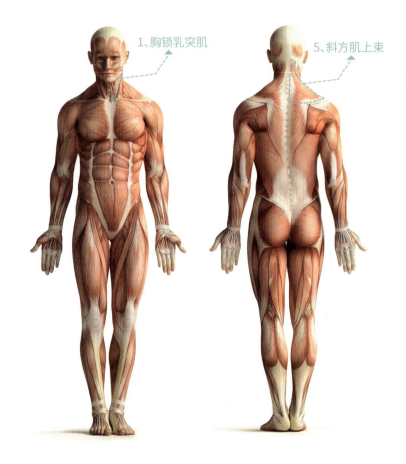

1、胸锁乳突肌   2、头夹肌(深层肌肉)   3、颈夹肌(深层肌肉)

4、肩胛提肌(深层肌肉)   5、斜方肌上束   6、斜角肌(深层肌肉)

三、工位健身动作益处

1、预防颈部骨刺   2、预防颈椎间盘膨出与突出

3、防治落枕   4、帮助放松颈部前侧

5、增强颈部血液循环   6、增加颈部转动灵活性

7、增加颈部前屈后伸稳定性

第二节 颈部工位健身的动作

一、头后仰

二、侧头拉伸

三、颈侧拉伸

四、头环绕

五、颈部回缩

六、直臂肩胛骨环绕

一、头后仰

① 起势动作

② 吸气,颈部回缩
呼气,头部向上抬起

练习步骤

1、身体端坐在椅子上,双脚分开与肩同宽踩在地面上,双手自然放在双腿上;

2、保证脊椎正直稳定,双眼直视前方下颌微收,挺胸收腹;

3、吸气,颈部回缩,身体保持直立;

4、呼吸,头部慢慢向上抬起,目视天花板,嘴巴保持紧闭状态;

5、自然呼吸,动作保持15-20秒;

6、练习只需1组;

7、此动作很好的改善长期低头引起的颈部肌肉僵直,增加活动幅度。

◉ 注意事项

1、在向上抬头的过程中注意要咬紧牙关;

2、这样会使颈部前侧的肌肉得到更好的放松与伸展;

3、如果感到头晕头痛头胀或颈部疼痛请,停止动作;

4、如果感到手臂麻胀疼痛,请停止动作;

5、如果有颈椎病变的朋友,请在医生许可的情况下做练习。

二、侧头拉伸

❷ 头向左侧尽量靠近肩膀
左右依次轮换

❶ 起势动作

练习步骤

1、身体端坐在椅子上，双脚分开与肩同宽踩在地面上，双手自然放在双腿上；

2、保证脊椎正直稳定，双眼直视前方下颌微收，挺胸收腹；

3、吸气，腰背挺直；呼吸，头倒向左侧，耳朵尽量靠近肩膀，停留 2-5 秒；

4、吸气，回到正直；呼气，反方向重复动作；

5、练习只需 1 组，左右交替算 1 次，完成 6-8 次；

6、此动作可以有效的拉伸颈部两侧肌肉，缓解颈部肌肉僵直，增加颈部活动幅度。

◉ 注意事项

1、注意坐在椅子上的时候，保持身体挺直，不要弯腰；

2、伸展的时候，让脖子有牵拉感即可，不要出现疼痛；

3、向侧伸展的时候，注意下巴收紧；

4、如果有颈椎病变的朋友，请在医生许可的情况下做练习；

5、练习过程中出现任何疼痛，请停止练习。

三、颈侧拉伸

① 起势动作

② 头部偏向肩膀位置
左右依次轮换

练习步骤

1、身体端坐在椅子上，双脚分开与肩同宽踩在地面上，双手自然放在双腿上；

2、保证脊椎正直稳定，双眼直视前方下颌微收，挺胸收腹；

3、固定肩膀，头部偏向右侧，右手臂越过头顶轻轻扶住左耳偏上的位置；

4、手臂发力与偏头的方向一致；

5、动作保持15-20秒，换到另一侧；

6、练习只需1组，左右完成即可；

7、此动作可以有效的拉伸颈部两侧肌肉，缓解颈部肌肉僵直，增加颈部活动幅度。

◉ 注意事项

1、自我拉伸的过程中避免用力过猛，匀速发力；

2、伸展的过程中始终保持下巴收紧，有牵拉感即可，不要出现疼痛；

3、如果感到头晕头痛头胀或颈部疼痛，请停止动作；

4、如果感到手臂麻胀疼痛，请停止动作；

5、如果有颈椎病变的朋友，请在医生许可的情况下做练习。

四、头环绕

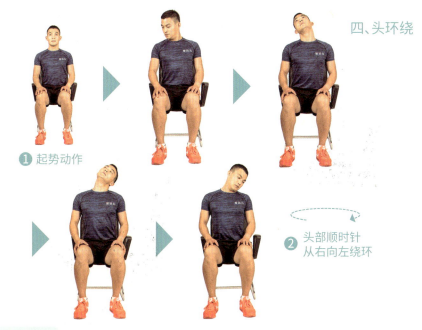

❶ 起势动作

❷ 头部顺时针
从右向左绕环

练习步骤

1、身体端坐在座位上，双脚分开与肩同宽踩在地面上，双手自然放在双腿上；

2、保证脊椎正直稳定，双眼直视前方下颌微收，挺胸收腹；

3、头部按照顺时针从右向左绕环，动作缓慢匀速；

4、保持自然呼吸，绕环3-5圈；

5、变换方向逆时针环绕；

6、练习只需1组，左右完成即可；

7、此动作练习可以有效改善肩颈僵直，放松肩颈肌肉。

◉ 注意事项

1、环绕过程中切记不可速度过快，缓慢转圈是重点；

2、想像头顶有一个时钟表盘，我们的头每移动一下，就像是秒针走了一个刻度，这样颈部的肌肉会更充分的放松；

3、如果感到头晕头痛头胀或颈部疼痛，请停止动作；

4、如果感到手臂麻胀疼痛，请停止动作；

5、如果有颈椎病变的朋友，请在医生许可的情况下做练习。

五、颈部回缩

❷ 呼吸时颈部回缩，鼻尖远离手指

❶ 起势动作

练习步骤

1、身体端坐在椅子上，双脚分开与肩同宽踩在地面上，双手自然放在双腿上；

2、保证脊椎正直稳定，双眼直视前方下颌微收，挺胸收腹；

3、食指抵在鼻尖处，吸气身体保持直立；

4、呼吸时颈部向回缩，让鼻尖远离手指；

5、保持3-5秒还原；

6、练习只需1组，完成6-8次；

7、此动作练习有效的改善颈部牵引问题，矫正体姿体态。

◉ 注意事项

1、向后缩头的时候，想像脖子变短，下巴贴紧脖子；

2、每个动作不可持续过长时间，防止颈部肌群紧张；

3、如果感到头晕头痛头胀或颈部疼痛，请停止动作；

4、如果感到手臂麻胀疼痛，请停止动作；

5、如果有颈椎病变的朋友，请在医生许可的情况下做练习。

六、直臂肩胛骨环绕

① 起势动作

② 肩关节向前绕环一周

练习步骤

1、身体端坐在椅子上，双脚分开与肩同宽踩在地面上，双手向前伸直掌心相对；

2、保证脊椎正直稳定，双眼直视前方下颌微收，挺胸收腹；

3、控制肩关节向前绕环，像火车的车轮一样；

4、保持自然呼吸，动作重复8-12次；

5、反方向后绕；

6、练习只需1组，前后完成即可；

7、此动作练习有效的缓解肩颈关节紧张，增加肩关节活动幅度。

◎ 注意事项

1、双臂在移动的时候，注意收紧核心，同时保持目视前方；

2、如果感到头晕头痛头胀或颈部疼痛，请停止动作；

3、如果感到手臂麻胀疼痛，请停止动作；

4、如果有颈椎病变的朋友，请在医生许可的情况下做练习。

| 第十四章 |

胸部与背部工位健身

第一节 胸部与背部

一、胸部与背部常见问题

胸部和背部是我们身体构成躯干的主要部分，主要用来完成推和拉的动作，胸背部不仅是体现出一个人的体态好坏，还承担着胸腔内部器官(心脏、肺脏、肝脏、胃、脾脏)的保护工作，同时也是胸椎和肩胛骨活动的主要力量和稳定维持的肌肉。

人们大多由于含胸坐姿过多导致胸部肌肉过于紧张，而同时肩胛骨周边肌肉控制力下降，斜方肌中下部及菱形肌被拉长，没办法很好的维持胸椎姿态。时间久了会引起体姿改变导致含胸驼背的体征，甚至影响呼吸的顺畅性产生胸闷及呼吸不畅。

工位健身通过加强胸部背部的肌肉活动范围，增加肌肉的弹性和恢复胸背部肌肉的控制力及基础力量感知能力，维系正确的体姿体态。

二、工位健身动作主要放松肌肉部位

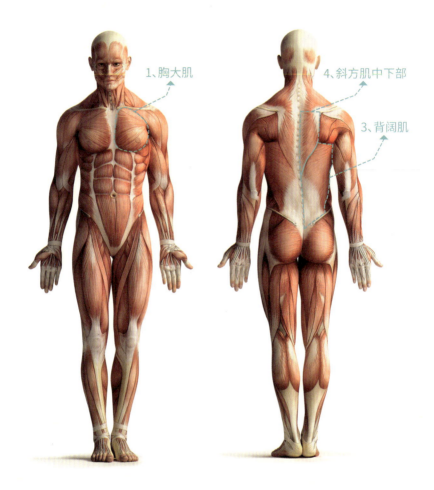

1、胸大肌

4、斜方肌中下部

3、背阔肌

1、胸大肌　　2、腰方肌(深层肌肉)　　3、背阔肌　　4、斜方肌中下部

三、工位健身动作益处

1、增加胸椎灵活性　　　　　　2、帮助呼吸肌更有力

3、预防胸椎间盘膨出与突出　　4、缓解胸闷、头晕

5、减缓上背疼痛　　　　　　　6、改善含胸弓背的不良姿态

7、强化背部肌肉　　　　　　　8、增强胸背部的血液循环

第二节 胸与背部工位健身的动作

一、直臂水平交叉

二、含胸挺胸

三、桌面直臂俯身下压

四、坐姿扭转

五、动态肩后缩

六、弓背前弯

一、直臂水平交叉

① 起势动作

② 呼气,双臂交叉
吸气,还原起势动作

练习步骤

1、双脚分开与肩同宽,自然踩在地面上,手臂侧平举,掌心向下;

2、吸气,身体直立,核心收紧;

3、呼气,双臂胸前像剪刀一样交叉;

4、吸气,还原打开;

5、练习只需1组,开合算1次,完成8-12次;

6、此动作可以有效改善含胸弓背的不良姿态,打开胸廓,帮助呼吸肌更有力。

◎ 注意事项

1、双臂在移动的时候,注意收紧核心,同时保持目视前方;

2、速度不宜过快;

3、如果有肩关节与腰背部疼痛的朋友,请在医生的许可下做练习;

4、练习过程中出现任何疼痛,请停止练习。

二、含胸挺胸

❶ 起势动作

❷ 吸气，双臂向上45°打开

❸ 呼气，双臂交叉于胸前

练习步骤

1、身体端坐在椅子上，双脚分开与肩同宽踩在地面上；

2、身体保持直立，核心收紧；

3、吸气，双臂向上打开45度，挺胸抬头；

4、呼气，含胸弓背，双臂在胸前交叉重合；

5、练习只需1组，开合算1次，完成8-12次；

6、此动作可以有效改善含胸弓背的不良姿态，打开胸廓，帮助呼吸肌更有力。

◉ 注意事项

1、动作在重复的过程中注意不要速度过快；

2、如果有肩关节与腰背部疼痛的朋友，请在医生的许可下做练习；

3、练习过程中出现任何疼痛，请停止练习。

三、桌面直臂俯身下压

❷ 腰背下弯90°，双膝微屈

❶ 起势动作

练习步骤

1、面对桌面(椅子)一臂距离，双脚开立与肩同宽踩在地面上；

2、双臂伸直扶在桌面(椅子)上，俯身下压；

3、腰背保持水平与地面，双膝微屈；

4、自然呼吸，动作保持15-20秒；

5、练习只需1组；

6、此动作可以很好的改善含胸驼背等体态问题，打开肩胸，伸展前表链。

◉ 注意事项

1、屈髋下压时注意控制力度大小，不要用力过猛；

2、最大幅度时保持静止不动，不要出现弹震；

3、大腿后侧过紧者，可以微微屈膝；

4、如果有肩部疼痛的朋友，请在医生的许可下做练习；

5、练习过程中出现刺痛，请停止练习。

四、坐姿扭转

❷ 呼气,身体向左侧扭转
吸气,身体回正

❶ 起势动作

练习步骤

1、身体端坐在椅子上,双脚分开与肩同宽踩在地面上;

2、保证脊椎正直稳定,双眼直视前方下颌微收,挺胸收腹;

3、吸气,保持身体直立,头向上延伸;

4、呼气,身体垂直向左侧扭转,双手轻扶左侧座椅扶手;

5、自然呼吸,动作保持15-20秒;

6、重复反方向;

7、练习只需1组,左右完成即可;

8、此动作可以强化脊椎的灵活性,激活核心,提升胸椎旋转功能。

◉ 注意事项

1、在转体的过程中,核心始终保持发力收紧;

2、整个伸展过程中速度不宜过快;

3、如果有肩关节与腰背部疼痛的朋友,请在医生的许可下做练习;

4、练习过程中出现任何疼痛,请停止练习。

五、动态肩后缩

❷ 吸气,双臂向后打开

❶ 起势动作

❸ 呼气,双臂内旋收缩
直至双拳相碰

练习步骤

1、身体端坐在椅子上,双脚分开与肩同宽踩在地面上;

2、保证脊椎正直稳定,双眼直视前方下颌微收,挺胸收腹;

3、双臂夹紧两肋呈L形,双手握拳;

4、吸气,双臂向后打开做肩外旋;

5、呼气,双臂内旋返回,双拳碰触;

6、练习只需1组,开合算1次,完成8-12次;

7、此动作可以有效改善含胸弓背的不良姿态,稳定肩带,帮助呼吸肌更有力。

◉ 注意事项

1、在动作全程,切记不要含胸弓背;

2、整个运动过程中速度不宜过快;

3、如果有肩关节与腰背部疼痛的朋友,请在医生的许可下做练习;

4、练习过程中出现任何疼痛,请停止练习。

六、弓背前弯

② 背部慢慢向下

③ 背部曲弓向下，手臂碰到膝关节为止

① 起势动作

练习步骤

1、身体端坐在椅子上，双脚分开与肩同宽踩在地面上，双臂自然放在双腿上；

2、吸气，身体立直，脊柱延展向上；

3、呼气，身体慢慢卷动向下，手臂至膝关节处停住；

4、自然呼吸，动作保持15-20秒；

5、练习只需1组；

6、此动作改善身体僵直，增加躯干灵活性，恢复肌肉弹性。

◉ 注意事项

1、动作全程注意呼吸流程，不要憋气；

2、卷动的过程中不宜速度过快；

3、如果有肩关节与腰背部疼痛的朋友，请在医生的许可下做练习；

4、练习过程中出现任何疼痛，请停止练习。

|第十五章|

肩部工位健身

第一节 肩部部位

一、肩部常见问题

肩部用来连接躯干和手臂，同时也连接躯干和颈部。肩关节是我们身体最灵活的关节，同时也是我们每天使用频次最高的关节之一。

肩部周边肌肉由于工作中电脑和手机的经常使用，或者在劳动者在操作机器过程中保持一个姿势时间过久，导致肩部血液循环受阻，造成肩部肌肉的力量和弹性明显降低，致使肩关节周边的肌肉和韧带的休息恢复受到很大影响，增加肩部紧张酸胀及疼痛感，诱发肩关节炎症的，长此以往得不到解决甚至造成冻结肩。

工位健身通过肩关节周边肌肉的刺激，增加相应部位肌肉的血液流量，通过拉伸和力量练习来加强肩部肌肉的弹性和力量，迅速缓解肩部肌肉的疲劳紧张，有效预防冻结肩的发生。

二、工位健身动作主要放松肌肉部位

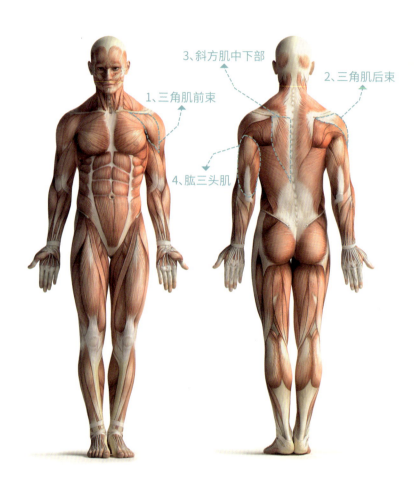

1、三角肌前束　　2、三角肌后束　　3、斜方肌中下部
4、肱三头肌　　　5、肩袖肌群(深层肌肉)

三、工位健身动作益处

1、预防及缓解肩膀疼痛　　　　2、预防及缓解肩膀僵硬，活动幅度受限
3、有效预防肩周炎　　　　　　4、帮助增加脑部供血
5、改善圆肩　　　　　　　　　6、缓解身体压力

第二节 肩部工位健身的动作

一、颈后拉肘

二、上下推掌

三、俯身飞鸟

四、双臂前后划圈

五、双臂肋腕画圈

六、十字拉伸

一、颈后拉肘

① 起势动作

② 右手轻轻向右拉动左肘关节
左右手依次轮换

动作侧面展示

练习步骤

1、身体端坐在椅子上，双脚分开与肩同宽踩在地面上；

2、保证脊椎正直稳定，双眼直视前方下颌微收，挺胸收腹；

3、左手举过头顶，大小臂折叠，掌心朝向正后方，肘关节指向天花板；

4、右手扶住左侧肘关节，轻轻向右侧拉动；

5、保持自然呼吸，动作保持15-20秒；

6、重复反方向；

7、练习只需1组，左右完成即可；

8、此动作练习有效的缓解肩关节紧张，增加肩关节活动幅度。

◉ 注意事项

1、保持核心收紧，身体挺直；

2、拉肘的过程中，不宜发力过猛，保持静态伸展；

3、如果有肩关节与腰背部疼痛的朋友，请在医生的许可下做练习；

4、练习过程中出现任何疼痛，请停止练习。

二、上下推掌

② 过渡动作

① 右手掌心向上推
左手掌心向下推

③ 左手掌心向上推
右手掌心向下推

练习步骤

1、双脚分开与肩同宽，自然踩在地面上；

2、保证脊椎正直稳定，双眼直视前方下颌微收，挺胸收腹；

3、右手掌心向上推，左手掌心向下推；

4、自然呼吸，左右手上下交替推掌；

5、练习只需1组，左右交替算1次，完成8-12次；

6、此动作练习有效的缓解肩关节紧张，增加肩关节活动幅度。

◉ 注意事项

1、在交替推掌的过程中保持核心收紧；

2、不要突然加速，循序渐进；

3、如果有肩关节与腰背部疼痛的朋友，请在医生的许可下做练习；

4、练习过程中出现任何疼痛，请停止练习。

三、俯身飞鸟

① 起势动作

② 双臂向下，双拳相碰为止

练习步骤

1、双脚分开与肩同宽，自然踩在地面上，双手握拳，大拇指立直；

2、保证脊椎正直稳定，双眼直视前方下颌微收，挺胸收腹；

3、后背挺直向前俯身，双膝微屈；

4、吸气，双臂伸直向两侧打开，大拇指朝上；

5、呼气，双臂向下还原，双拳轻触；

6、练习只需1组，开合算1次，完成8-12次；

7、此动作可以强化肩部肌群，提升肩带的稳定性。

◉ 注意事项

1、在运动过程中，保持专注，收紧核心；

2、不要突然加速，循序渐进；

3、如果有肩关节与腰背部疼痛的朋友，请在医生的许可下做练习；

4、练习过程中出现任何疼痛，请停止练习。

四、双臂前后划圈

① 起势动作

② 身体前倾15°，双臂模仿自由泳

练习步骤

1、双脚分开与肩同宽，自然踩在地面上；

2、身体略微前倾15度，核心收紧；

3、保持自然呼吸，双臂模仿自由泳划水姿势；

4、练习只需1组，动作重复15-20秒；

5、有效缓解肩部紧张，灵活肩关节活动度。

◉ **注意事项**

1、在运动过程中，保持专注，收紧核心；

2、不要突然加速，循序渐进；

3、如果有肩关节与腰背部疼痛的朋友，请在医生的许可下做练习；

4、练习过程中出现任何疼痛，请停止练习。

五、双臂肋腕画圈

① 起势动作

② 双手以肘为轴
向内回旋

③ 前臂下摆,掌心朝上

④ 上臂贴近胸部
前臂水平摆放

练习步骤

1、双脚分开与肩同宽,自然踩在地面上;

2、保证脊椎正直稳定,双眼直视前方下颌微收,挺胸收腹;

3、保持自然呼吸,双手掌心朝上,以肘为轴,匀速由外向内转圈,转动过程中掌心保持朝上;

4、练习只需1组,画1圈算1次,重复8-12次;

5、此动作可以增加肩关节活动幅度,增加关节滑液的分泌,改善肩部肌肉僵直。

◉ 注意事项

1、在运动过程中,保持专注,收紧核心;

2、不要突然加速,循序渐进;

3、如果有肩关节与腰背部疼痛的朋友,请在医生的许可下做练习;

4、练习过程中出现任何疼痛,请停止练习。

六、十字拉伸

① 起势动作

② 右臂伸展到胸前
左手屈肘抵在右臂上,向后拉

练习步骤

1、双脚分开与肩同宽,自然踩在地面上;

2、保证脊椎正直稳定,双眼直视前方下颌微收,挺胸收腹;

3、右臂胸前向左伸展,掌心朝后;

4、左手屈肘抵在右侧大臂上,轻轻发力向左后拉;

5、保持自然呼吸,动作保持15-20秒;

6、重复反方向;

7、练习只需1组,左右完成即可;

8、此动作可以放松三角肌,缓解肩部紧张,改善肩部僵直。

◉ 注意事项

1、在运动过程中,保持专注,收紧核心;

2、不要突然加速,循序渐进;

3、如果有肩关节与腰背部疼痛的朋友,请在医生的许可下做练习;

4、练习过程中出现任何疼痛,请停止练习。

|第十六章|

手臂与手腕工位健身

第一节 手臂与手腕部位

一、手臂与手腕常见问题

手臂和手腕是我们日常生活中不可或缺的灵活动作的体现终端，完成抓握、提拉，弯举等生活必须执行的重要动作，并保持手眼协调和手脑协调。

手和手臂的重复性过劳使用是目前出现的手和手臂问题的最大隐患。手机的长时间使用，电脑键盘和鼠标的同一个姿势的操作，甚至工作时人工机器操作的习惯性重复动作的多次累积都会加大手腕手臂的过度局部劳损，手指、手腕或手肘的过度使用或者无法得到充分的放松，容易引起肘部和腕部的疼痛不适，甚至导致网球肘、妈妈手、腕管综合症。

工位健身通过活动手指、手腕、手肘来增加手部及手臂的血液循环和肌肉弹性的恢复，避免重复性手部动作造成的肌肉紧张，甚至降低炎症的概率和有效预防腕管综合症的发病。

二、工位健身动作主要放松肌肉部位

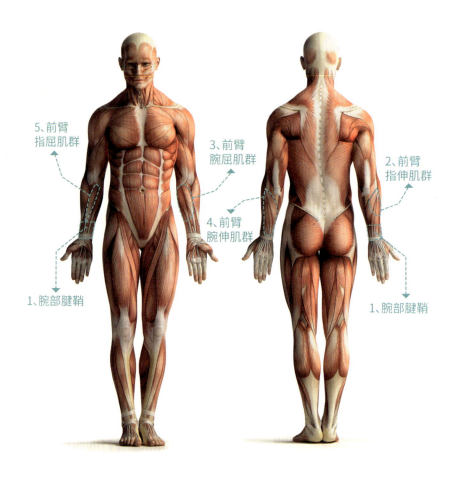

5、前臂指屈肌群

3、前臂腕屈肌群

2、前臂指伸肌群

4、前臂腕伸肌群

1、腕部腱鞘

1、腕部腱鞘

1、腕部腱鞘　　2、前臂指伸肌群　　3、前臂腕屈肌群　　4、前臂腕伸肌群
5、前臂指屈肌群

三、工位健身动作益处

1、缓解因久坐办公带来的手腕酸胀僵硬　　2、预防缓解腕管综合症

3、有效预防鼠标手　　4、增加手部力量，提升抓握能力

5、减少腕骨间软组织粘连　　6、预防腕部骨刺产生

第二节 手臂与手腕工位健身的动作

一、甩手腕

二、腕伸肌伸展

三、手腕转花

四、侧平举握拳伸掌

五、坐姿后拉靠背

六、抱头夹肘

一、甩手腕

② 双臂双手
自然屈臂于胸前

① 起势动作

③ 双手腕向外甩动

练习步骤

1、身体端坐在椅子上，双脚分开与肩同宽自然踩在地面上；

2、保证脊椎正直稳定，双眼直视前方下颌微收，挺胸收腹；

3、双臂胸前自然屈臂，手腕放松；

4、保持自然呼吸，双手腕向外甩动；

5、练习只需1组，动作重复15-20秒；

6、此动作缓解因久坐办公带来的手腕酸胀僵硬，预防缓解腕管综合症。

◎ 注意事项

1、在运动过程中，保持专注，收紧核心；

2、不要突然加速，避免爆发力；

3、如果有腕关节与肩部疼痛的朋友，请在医生的许可下做练习；

4、练习过程中出现任何疼痛，请停止练习。

二、腕伸肌伸展

① 起势动作

② 左手抓住右手指尖，轻用力回拉
两手依次轮换

练习步骤

1、身体端坐在椅子上，双脚分开与肩同宽自然踩在地面上；

2、保证脊椎正直稳定，双眼直视前方下颌微收，挺胸收腹；

3、右手前平举，压腕向下，指尖指向地面，掌心向后；

4、左手抓住右手指尖，轻轻用力回拉；

5、保持自然呼吸，动作停留15-20秒；

6、重复反方向；

7、练习只需1组，左右完成即可；

8、此动作可以放松腕伸肌群，缓解前臂肌肉僵直。

◎ 注意事项

1、始终保持手臂伸直；

2、避免用力过猛，静态伸展；

3、如果有腕关节与肩部疼痛的朋友，请在医生的许可下做练习；

4、练习过程中出现任何疼痛，请停止练习。

三、手腕转花

① 起势动作

② 手腕相触,掌心向外

③ 由内而外,翻转手腕

④ 起势动作

练习步骤

1、身体端坐在座位上,双脚分开与肩同宽自然踩在地面上;

2、保证脊椎正直稳定,双眼直视前方下颌微收,挺胸收腹;

3、双手腕相触,掌心朝外;

4、保持自然呼吸,双手腕始终相触,由内而外的翻转手腕,重复循环;

5、练习只需1组,动作重复15-20秒;

6、此动作有效放松手腕,增加腕关节活动幅度,缓解肌肉僵直。

◎ 注意事项

1、注意控制力度大小,不要用力过猛;

2、保持匀速发力,不要突然加速;

3、如果有腕关节与肩部疼痛的朋友,请在医生的许可下做练习;

4、练习过程中出现任何疼痛,请停止练习。

四、侧平举握拳伸掌

❶ 起势动作

❷ 双臂展开,双掌掌心朝外

❸ 手臂保持不动,双手握拳再还原

练习步骤

1、身体端坐在椅子上，双脚分开与肩同宽自然踩在地面上；

2、保证脊椎正直稳定，双眼直视前方下颌微收，挺胸收腹；

3、双臂侧平举，五指分开立掌，掌心朝外；

4、手臂不动，用力握拳再还原；

5、练习过程保持自然呼吸；

6、练习只需1组，动作重复15-20秒；

7、此动作可以增加手部力量，提升抓握能力。

◉ 注意事项

1、注意控制力度大小，不要用力过猛；

2、保持匀速发力，不要突然加速；

3、如果有腕关节与肩部疼痛的朋友，请在医生的许可下做练习；

4、练习过程中出现任何疼痛，请停止练习。

五、坐姿后拉靠背

❷ 双手向后拉椅背，重心向前

❶ 起势动作

练习步骤

1、身体端坐在椅子上三分之一处，双脚分开与肩同宽自然踩在地面上；

2、保证脊椎正直稳定，双眼直视前方下颌微收，挺胸收腹；

3、吸气，挺胸抬头，双手向后拉住椅背；

4、呼气，身体前推，重心往前打开胸廓；

5、保持自然呼吸，动作保持15-20秒；

6、练习只需1组；

7、此动作可以拉伸手臂肌肉，减少肌肉粘连等问题。

◉ 注意事项

1、注意控制力度大小，不要用力过猛；

2、保持匀速发力，不要含胸弓背；

3、如果有腕关节与肩部疼痛的朋友，请在医生的许可下做练习；

4、练习过程中出现任何疼痛，请停止练习。

六、抱头夹肘

① 吸气,双肘向外打开

② 呼气,双肘向内于胸前合拢

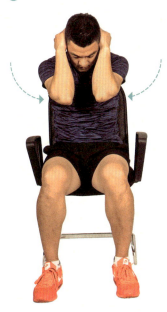

练习步骤

1、身体端坐在椅子上三分之一处,双脚分开与肩同宽自然踩在地面上,双手十指交叉抱头;

2、吸气,挺胸抬头,双肘向外打开;

3、呼气,含胸收腹,双肘向内胸前合拢;

4、练习只需1组,开合算1次,完成8-12次;

5、此动作缓解上臂与胸大肌的紧张,增加肌肉弹性。

◉ 注意事项

1、注意控制力度大小,不要用力过猛;

2、保持匀速发力;

3、如果有腕关节与肩部疼痛的朋友,请在医生的许可下做练习;

4、练习过程中出现任何疼痛,请停止练习。

| 第十七章 |

腹部与腰部工位健身

第一节 腹部与腰部部位

一、腹部与腰部常见问题

腰部和腹部作为上下肢的链接过度，起到力量传递的功能，负责躯干弯曲、转体和保护腹腔内的内脏器官，形成良好的腹内压，腰腹部的肌肉力量和肌肉弹性可以帮助稳定腰椎，防止对腰椎间盘造成伤害。

人类由狩猎到农耕，再到现在的现代化办公，使身体长期处于坐姿状态下，久坐少动的习惯长期累积，导致了腰部紧张。而腹部肌肉的无力松弛，使腰腹部围绕保护的腹腔内压力进一步失衡，致使下背部紧张酸痛加剧。腰椎周边肌肉的过度使用致使过度疲劳，这样的疲劳在无法及时缓解的情况下，极易使肌筋膜产生粘连甚至无菌性炎症，使腰椎的稳定性下降，增加腰椎间盘突出的风险及下背痛的概率。

工位健身通过增加下背部及腰腹的活动，来促进腰腹部肌肉的活动，增加相应肌肉的血液供给和肌肉弹性，降低腰背部紧张感，增加腰腹部对腰椎的保护性，使腰椎更加安全。

二、工位健身动作主要放松肌肉部位

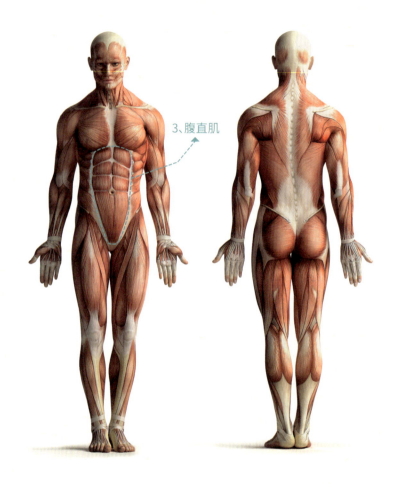

3、腹直肌

1、腰方肌(深层肌肉)　　2、竖脊肌(深层肌肉)　　3、腹直肌

4、髂腰肌(深层肌肉)

三、工位健身动作益处

1、预防下背部疼痛　　　　　　　2、预防腰部酸胀

3、预防腰椎间盘膨出与突出　　　4、增加腰椎稳定性

5、增强腰腹血液循环　　　　　　6、增加核心力量，提升精力

7、改善下交叉综合症(骨盆前倾)

第二节 腹部与腰部工位健身的动作

一、直臂挺胸后仰

二、弓步髂腰肌伸展

三、三角式伸展

四、后仰前弯

五、站姿髋绕环

六、坐婴式伸展

一、直臂挺胸后仰

① 起势动作

② 左脚向前，双臂上举

练习步骤

1、双脚分开与肩同宽，自然站立在地面，手臂放松；

2、保持身体直立，腹部收紧；

3、左脚前迈一小步，挺胸抬头，双臂自然上举打开45度；

4、保持自然呼吸，动作停留15-20秒；

5、练习只需1组；

6、此动作充分打开前表链，激活核心。

◉ 注意事项

1、注意在伸展的过程中，保持腹部收紧；

2、不要用力过猛；

3、如果有腰背部疼痛的朋友，请在医生的许可下做练习；

4、练习过程中出现任何疼痛，请停止练习。

二、弓步髂腰肌伸展

❷ 双手叉腰，左脚前跨呈弓步

❶ 起势动作

练习步骤

1、双脚分开与肩同宽，自然站立在地面，手臂放松；

2、左脚前跨一大步呈左弓步；

3、双手叉腰，右脚跟离地，重心下沉，髋关节向前发力；

4、保持自然呼吸，动作停留15-20秒；

5、重复反方向；

6、练习只需1组，左右完成即可；

7、此动作可以很好的伸展髂腰肌，改善久坐导致的髋屈肌过紧。

◎ 注意事项

1、注意在做弓步伸展的时候，身体重心保持稳定在双腿中间；

2、匀速向下降低身体，不要突然加速发力；

3、伸展的时候，保持臀部收紧，骨盆后倾的姿态；

4、如果有膝关节或腰椎疼痛的朋友，请在医生的许可下做练习；

5、练习过程中出现任何疼痛，请停止练习。

三、三角式伸展

② 身体向右弯曲，手臂保持不动
左右依次轮换

① 起势动作

练习步骤

1、双脚分开两倍肩宽，双手侧平举，掌心朝下；

2、吸气，身体立直，核心收紧；

3、呼气，保持手臂不动，身体向右侧弯曲，右手指向地面，左手指向天空；

4、吸气，慢慢还原直立；

5、呼气重复反方向；

6、练习只需1组，左右交替算1次，完成8-12次；

7、此动作灵活腰背，强化核心力量，激活身体侧表链。

◉ 注意事项

1、伸展的过程中，保持核心收紧；

2、不要突然发力加速；

3、如果有腰背部疼痛的朋友，请在医生的许可下做练习；

4、练习过程中出现任何疼痛，请停止练习。

四、后仰前弯

① 起势动作

③ 呼气,身体前屈
双手抓住膝关节为止

② 吸气,双臂掌心相对上举
身体后仰

练习步骤

1、双脚分开与肩同宽,自然站立在地面,手臂放松;

2、保证脊椎正直稳定,双眼直视前方下颌微收,挺胸收腹;

3、吸气,双臂举过头顶,掌心相对,身体慢慢向后弯;

4、呼气,身体逐渐向前弯呈体前屈,双手抓住膝关节;

5、练习只需1组,前后算1次,完成8-12次;

6、此动作灵活躯干强化核心力量,加速血液循环。

◉ 注意事项

1、后仰的过程中不要幅度过大,掌控力度;

2、全程保持匀速,不要突然发力;

3、如果有腰背部疼痛的朋友,请在医生的许可下做练习;

4、练习过程中出现任何疼痛,请停止练习。

五、站姿髋绕环

① 起势动作

② 髋部顺时针转动

练习步骤

1、双脚分开与肩同宽，自然站立在地面，双手叉腰；

2、上身保持直立，核心收紧；

3、顺时针向右匀速转动髋部；

4、保持自然呼吸，动作保持15-20秒；

5、重复反方向；

6、练习只需1组，左右完成即可；

7、此动作很好的增加髋关节的灵活性，有效的激活核心。

◉ 注意事项

1、转动过程中注意匀速发力；

2、避免幅度过大和突然加速；

3、如果有腰背部疼痛的朋友，请在医生的许可下做练习；

4、练习过程中出现任何疼痛，请停止练习。

六、坐婴式伸展

② 俯身向前，双手抱住脚踝

① 起势动作

练习步骤

1、身体端坐在椅子上，双脚分开与肩同宽踩在地面上，双手自然放在双腿
　上；

2、吸气，身体立直向上，核心收紧；

3、呼气，俯身向前，腹部贴住大腿，双手抱住脚踝，头部自然放松向下；

4、保持自然呼吸，动作停留15-20秒；

5、练习只需1组；

6、此动作在有限的空间内，伸展下背部肌肉，改善腰背疼痛。

◉ 注意事项

1、注意保持呼吸的加深；

2、动作练习过程中不要憋气；

3、如果有腰背部疼痛的朋友，请在医生的许可下做练习；

4、练习过程中出现任何疼痛，请停止练习。

| 第十八章 |

臀部与腿部工位健身

第一节 臀部与腿部部位

一、臀部与腿部常见问题

臀腿部俗称下肢，由于肌肉含量是人体最多的部位，也被称为人体的第二心脏。包括臀部肌肉，大腿前侧、大腿后侧及小腿肌群。是人走路和跑步的发动机及动力源泉，骨密度也和腿部肌肉力量有很大的关系。

走路和跑步的减少，使人类使用下肢肌肉的频率及强度大大减少，直接导致的是下肢力量减少，腿部肌肉的退化加剧。静脉曲张的发病率也会相应的提高，久坐少动甚至也会增加深层静脉栓塞发生的概率。腿部肌肉力量的降低会影响到踝关节的安全及膝关节的稳定，腿部力量的减小会加剧膝关节软骨的磨损速度，甚至增加股骨头坏死的概率。

工位健身可以增加臀腿部的力量及肌肉活动能力，使臀腿更有力量更加灵活，增加下肢对整个体重的承载能力，提高膝关节的稳定性，帮忙促进下肢的血液循环及体能体力的增加。

二、工位健身动作主要放松肌肉部位

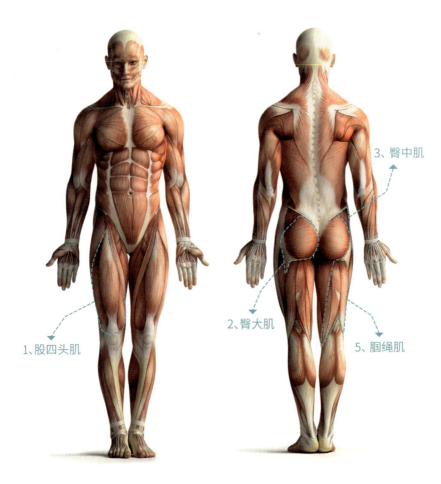

3、臀中肌

1、股四头肌

2、臀大肌

5、腘绳肌

1、股四头肌　　2、臀大肌　　3、臀中肌　　4、臀小肌(深层肌肉)

5、腘绳肌

三、工位健身动作益处

1、缓解臀部肌肉僵硬　　　　　　　　2、缓解下背部疼痛

3、预防改善下交叉综合症（骨盆前倾）　4、塑造臀腿线条

5、减少膝关节压力　　　　　　　　　6、加强下肢臀腿力量

7、增加髋关节供血，预防股骨头坏死　 8、提高综合体能力，增加精力

第二节 臀部与腿部工位健身的动作

一、坐姿盘腿伸展

二、站姿后抬腿

三、深蹲侧移

四、左右侧弓步

五、大腿前侧伸展

六、大腿后侧伸展

七、站姿腿外展

一、坐姿盘腿伸展

❶ 起势动作

❷ 右脚踝关节放在左腿上
屈身向前贴近大腿

练习步骤

1、端坐在椅子的三分之一处，双脚自然分开与肩同宽踩在地面上，右腿踝关节盘放在左侧大腿上方；

2、保证脊椎正直稳定，双眼直视前方下颌微收，挺胸收腹；

3、吸气，身体保持直立向上；

4、呼气，屈体俯身向前，腹部尽量贴近大腿；

5、保持自然呼吸，动作停留15-20秒；

6、重复反方向；

7、练习只需1组，左右完成即可；

8、此动作可以很好的伸展臀部肌肉，放松肌筋膜。

◎ 注意事项

1、躯干朝向身体前方不同的方向，拉伸到臀大肌不同部位；

2、俯身往下的时候，切记不要弯腰弓背；

3、如果有腰背部疼痛的朋友，请在医生的许可下做练习；

4、练习过程中出现任何疼痛，请停止练习。

二、站姿后抬腿

❷ 右腿向后蹬腿

❶ 起势动作

练习步骤

1、双腿开立与肩同宽，手臂自然放松，面向桌面(椅子)站立；

2、吸气，身体立直，腹部收紧，双手扶住桌面(椅子)，左脚站立，屈右膝向后；

3、呼气，右脚勾脚尖向后蹬腿；

4、保持自然呼吸，动作重复8-12次；

5、重复反方向；

6、练习只需1组，左右完成即可；

7、此动作可以增加臀部肌肉力量，恢复肌肉张力。

◉ 注意事项

1、如果有腰椎间盘突出的情况，请在医生的许可下做练习；

2、抬腿过程中，注意匀速发力；

3、全程保持身体的挺直；

4、如果有腰背部疼痛的朋友，请在医生的许可下做练习；

5、练习过程中出现任何疼痛，请停止练习。

三、深蹲侧移

① 起势动作

② 右脚向右平移一步

③ 左脚向右平移一步

练习步骤

1、双脚分开与肩同宽，屈膝屈宽呈深蹲姿势，双手叉腰；

2、保持自然呼吸，保持深蹲姿态，身体重心没有起伏，左右来回平行移动2
步；

3、练习只需1组，左右交替算1次，完成8-12次；

4、此动作可以增加腿臀肌肉力量，提升综合体能，增加精力。

◉ 注意事项

1、平移过程中注意身体不要有上下起伏；

2、始终把重心放在臀部；

3、如果有膝关节或腰背部疼痛的朋友，请在医生的许可下做练习；

4、练习过程中出现任何疼痛，请停止练习。

四、左右侧弓步

❷ 身体重心右移，双手扶右膝

❶ 起势动作

❸ 反方向
身体重心左移，双手扶左膝

练习步骤

1、双腿开立两倍肩宽，手臂自然放松；

2、屈右膝重心右移，伸展左侧大腿内侧，双手扶右膝，动作停留3-5秒；

3、反方向，身体平移向左侧，保持重心没有起伏；

4、练习过程中，保持自然呼吸；

5、练习只需1组，左右交替算1次，完成8-12次；

6、此动作可以增加腿臀肌肉力量，提升综合体能，增加精力。

◉ 注意事项

1、注意左右屈膝的过程中，保持核心收紧；

2、避免突然加速发力；

3、如果有下肢与膝关节疼痛的朋友，请在医生的许可下做练习；

4、练习过程中出现任何疼痛，请停止练习。

五、大腿前侧伸展

❶ 起势动作

❷ 双腿靠拢，左手拉左侧脚踝

练习步骤

1、双脚分开与肩同宽，自然踩在地面上，右手扶桌子(椅子)，转身面向右侧；

2、吸气，保持身体直立，屈左膝左手拉住左侧脚踝，

3、呼气，左膝向后发力，伸展左大腿前侧，双腿尽量靠拢；

4、保持自然呼吸，动作保持15-20秒；

5、重复反方向；

6、练习只需1组，左右完成即可；

7、此动作可以很好的伸展大腿前侧肌肉，改善下交叉综合症。

◉ 注意事项

1、练习时，注意腰部核心收紧，保护腰椎；

2、注意全程保持静态拉伸，不要出现弹震；

3、拉伸时，保持身体直立，不要出现屈髋；

4、如果有下肢疼痛的朋友，请在医生的许可下做练习；

5、练习过程中出现任何疼痛，请停止练习。

六、大腿后侧伸展

2 右膝微屈，左脚前伸
后背向前倾

1 起势动作

练习步骤

1、双脚分开与肩同宽，自然踩在地面上，右手扶桌子(椅子)，转身面向右侧；

2、保证脊椎正直稳定，双眼直视前方下颌微收，挺胸收腹；

3、右膝微屈，左脚前伸，脚跟触地，勾脚尖向上，慢慢屈体向前倾；

4、后背挺直，大腿后侧出现拉伸感停住；

5、保持自然呼吸，动作停留15-20秒；

6、重复反方向；

7、练习只需1组，左右完成即可；

8、此动作可以很好的伸展大腿后侧肌肉，预防缓解腰背疼痛。

◉ **注意事项**

1、上背部保持挺直，腹部收紧；

2、肚脐靠向大腿前侧；

3、如果有下肢与膝关节疼痛的朋友，请在医生的许可下做练习；

4、练习过程中出现任何疼痛，请停止练习。

七、站姿腿外展

❷ 左脚向左摆动45°后收回

❶ 起势动作

练习步骤

1、双腿开立与肩同宽，手臂自然放松，面向桌面(椅子)站立；

2、身体立直，单手扶桌面(椅子)，右脚支撑，重心移动到右脚；

3、左脚伸直，勾脚尖离地，向左侧摆动，至45度收回；

4、保持自然呼吸，动作重复8-12次；

5、重复反方向动作；

6、练习只需1组，左右完成即可；

7、此动作可以增加下肢肌肉力量，强化核心稳定，提升综合体能。

◉ 注意事项

1、抬腿过程中，注意匀速发力；

2、全程保持身体的挺直；

3、如果有腰背部疼痛的朋友，请在医生的许可下做练习；

4、练习过程中出现任何疼痛，请停止练习。

| 附录 |

方便实用 有益有趣的工位健身动作

一、健身球·臀部拉伸

① 起势动作

② 右脚踝关节放在左腿上
屈身向前贴近大腿

练习步骤

1、坐在健身球靠前一半的位置上，双脚自然分开与肩同宽踩在地面上，右腿踝关节盘放在左侧大腿上方；

2、保证脊椎正直稳定，双眼直视前方下颌微收，挺胸收腹；

3、吸气，身体保持直立向上；

4、呼气，屈体俯身向前，腹部尽量贴近大腿；

5、保持自然呼吸，动作停留15-20秒；

6、重复反方向；

7、练习只需1组，左右完成即可。

8、此动可以很好的伸展臀部肌肉。

◉ 注意事项

1、躯干朝向身体前方不同的方向，拉伸到臀大肌不同部位；

2、俯身往下的时候，切记不要弯腰弓背；

3、如果有腰背部疼痛的朋友，请在医生的许可下做练习；

4、练习过程中出现任何疼痛，请停止练习。

二、矿泉水瓶·肩上推举

呼气，手臂向上伸直夹紧耳朵
吸气，还原至90°

❶ 起势动作

练习步骤

1、双脚分开与肩同宽，自然站立在地面上；

2、双手各拿一瓶矿泉水，双臂慢慢抬起，大小臂折叠呈90度角，拳心朝前；

3、吸气，身体直立，核心收紧；

4、呼气，向上慢慢伸直手臂至夹紧耳朵；

5、吸气，向下还原至90度角，上下的过程中始终把背部收紧；

6、练习只需1组，上下交替算1次，重复8-12次；

7、此动作有效激活肩带，强化肩部肌肉，打开胸廓，改善上身体态。

◉ 注意事项

1、上举的过程中一定要匀速，慢推，不可以突然加速发力；

2、练习的过程中，始终保持腹部核心的收紧；

3、如果有上肢疼痛的朋友，请在医生的许可下做练习；

4、练习过程中出现任何疼痛，请停止练习。

三、书本·双臂肋腕画圈

❷ 双手托住书
匀速由外向内转圈

❶ 起势动作

练习步骤

1、双脚分开与肩同宽，自然踩在地面上；

2、保证脊椎正直稳定，双眼直视前方下颌微收，挺胸收腹；

3、保持自然呼吸，双手各托住一本书，以肘为轴，匀速由外向内转圈，转动过程中掌心保持朝上，保证书本不会掉下；

4、练习只需1组，画1圈算1次，重复8-12次；

5、此动作可以增加肩关节活动幅度，增加关节滑液的分泌，改善肩部肌肉僵直。

◉ 注意事项

1、在运动过程中，保持专注，收紧核心；

2、不要突然加速，循序渐进；

3、如果有肩关节与腰背部疼痛的朋友，请在医生的许可下做练习；

4、练习过程中出现任何疼痛，请停止练习。

四、弹力带·单臂肱二头肌弯举

❶ 起势动作

正面动作展示

❷ 吸气,左手屈臂向上至水平位置
呼气,还原起势动作,左右手臂依次轮换

练习步骤

1、双脚分开与肩同宽,自然踩在地面上,弹力带踩在脚下;

2、双手握住弹力带两端,缠绕一圈;

3、吸气,左手屈臂向上至水平位,拳眼朝上;

4、呼气,慢慢还原;

5、交换右侧;

6、练习只需一组,左右交替,各完成8-12次;

7、此动作强化肱二头肌,增加关节滑液的分泌。

◉ 注意事项

1、上举的过程中一定要匀速,不可以突然加速发力;

2、练习的过程中,始终保持腹部核心的收紧;

3、如果有上肢疼痛的朋友,请在医生的许可下做练习;

4、练习过程中出现任何疼痛,请停止练习。

五、按摩球·斜方肌按摩

① 起势动作

② 单手持球
放在侧肩颈连接中央

③ 滚动球体
找到痛点后按压30秒

练习步骤

1、双脚分开与肩同宽，自然踩在地面上，腰背挺直，胸廓略微打开，肩膀自然放松；

2、单手持球，轻轻放在对侧肩颈连接处的中央；

3、五指握紧球体，适中的力度按压球体；

4、小范围滚动画圈，找痛点；

5、找到痛点后，持续压住痛点30秒；

6、此动作只需练习一组，左右完成即可。

◉ 注意事项

1、按摩过程中，握紧按摩球；

2、找到斜方肌痛点后，用力按压不要松；

3、练习时会出现轻微疼痛；

4、疼痛1-10分级，选择5-7的疼痛等级。

六、错位拍手

① 起势动作

② 间隔一人左右击掌2次

练习步骤

1、练习者站成一横排，双脚分开1.5倍肩宽，自然站立在地面上；

2、所有人1、2、1、2报数，清楚自己1数还是2数；

3、所有1数向前屈，左右击掌2次，所有2数向后倾，左右击掌2次；

4、1数2数前后交换位置；

5、练习时保持自然呼吸，交换位置的速度由慢开始，逐渐加快；

6、练习只需1组，动作重复30秒；

7、此动作灵活脊柱，强化核心力量，增加同事间互动性与训练的趣味性。

◉ 注意事项

1、整个练习过程中，保持核心收紧；

2、不要突然发力加速；

3、如果有腰背部疼痛的朋友，请在医生的许可下做练习；

4、练习过程中出现任何疼痛，请停止练习。

七、双人搭肩下压扭转

① 起势动作

② 双臂伸直,两人同时向一侧旋转

练习步骤

1、两人面对面站立，两脚开立与肩同宽，双手搭在伙伴的肩膀上；

2、吸气，保证脊椎正直稳定，双眼直视前方下颌微收，挺胸收腹；

3、呼气，两人同时屈髋下压，双臂伸直，打开肩胸；

4、保持自然呼吸，两人同时向一侧旋转；

5、练习只需1组，每侧动作重复15-20秒，左右完成即可；

6、此动作可以很好的改善含胸驼背等体态问题，打开胸廓，强化胸椎灵活，
伸展腰背部。

◉ 注意事项

1、在转体的过程中，核心始终保持发力收紧；

2、整个伸展过程中速度不宜过快；

3、如果有肩关节与腰背部疼痛的朋友，请在医生的许可下做练习；

4、练习过程中出现任何疼痛，请停止练习。

八、双人大腿前侧拉伸

① 起势动作

② 右手抓右侧脚踝，吸气，贴近臀部
呼气，右膝向后展，左右依次轮换

练习步骤

1、两人面对面，错开一个身位，双脚自然开立；

2、两人同时伸直左手搭住对方左肩，屈右腿，右手抓住自己右侧脚踝；

3、吸气，身体立直，核心收紧，轻轻发力，让右脚跟贴紧臀部；

4、呼气，右膝轻轻向后展，两腿尽量并拢；

5、自然呼吸，动作保持15-20秒；

6、重复反方向；

7、练习只需1组，左右完成即可；

8、此动作可以很好的伸展大腿前侧肌群，改善下交叉综合症。

◉ 注意事项

1、练习时，注意腰部核心收紧，保护腰椎；

2、注意全程保持静态拉伸，不要出现弹震；

3、拉伸时，保持身体直立，不要出现屈髋；

4、如果有下肢疼痛的朋友，请在医生的许可下做练习；

5、练习过程中出现任何疼痛，请停止练习。

图书在版编目（CIP）数据

工位健身实用手册 / 《主人》编辑部，上海市职工文化体育协会健康促进专业委员会编. ——上海：上海三联书店，2019.3 重印

ISBN 978-7-5426-6523-2

Ⅰ. ①工… Ⅱ. ①主… ②上… Ⅲ. ①健身运动—手册 Ⅳ. ① G883-62

中国版本图书馆CIP数据核字（2018）第241695号

工位健身实用手册

编　　者 / 《主人》编辑部
　　　　　 上海市职工文化体育协会健康促进专业委员会

责任编辑 / 程　力　陆雅敏
装帧设计 / 沈　佳
监　　制 / 姚　军
责任校对 / 徐　峰

出版发行 / 上海三联书店
（200030）中国上海市徐汇区漕溪北路331号A座6楼
邮购电话 / 021-22895540
印　　刷 / 上海展强印刷有限公司

版　　次 / 2018年12月第1版
印　　次 / 2019年3月第2次印刷
开　　本 / 787×1092　1/16
字　　数 / 120千字
印　　张 / 12.75
书　　号 / ISBN 978-7-5426-6523-2/G · 1510
定　　价 / 58.00元

敬启读者，如发现本书有质量问题，请与印刷厂联系：021-66510725